国务院台湾事务办公室 新闻发布会集

（2019 年度）

国务院台湾事务办公室

九 州 出 版 社
JIUZHOUPRESS ｜ 全国百佳图书出版单位

图书在版编目（CIP）数据

国务院台湾事务办公室新闻发布会集. 2019 年度 /
国务院台湾事务办公室编. --北京：九州出版社，2021.10
ISBN 978－7－5108－7645－5

Ⅰ.①国…　Ⅱ.①国…　Ⅲ.①台湾问题－新闻公报－
汇编－2019　Ⅳ.①D618

中国版本图书馆 CIP 数据核字（2021）第 219253 号

国务院台湾事务办公室新闻发布会集（2019 年度）

作　者	国务院台湾事务办公室　编
出版发行	九州出版社
地　址	北京市西城区阜外大街甲 35 号（100037）
发行电话	（010）68992190/3/5/6
网　址	www.jiuzhoupress.com
电子信箱	jiuzhou@ jiuzhoupress.com
印　刷	北京九州迅驰传媒文化有限公司
开　本	680 毫米×960 毫米　　16 开
印　张	18
字　数	144 千字
版　次	2021 年 11 月第 1 版
印　次	2021 年 11 月第 1 次印刷
书　号	ISBN 978－7－5108－7645－5
定　价	59.00 元

目　　录

［**发布时间**］2019 年 1 月 16 日

［**发　布　人**］马晓光

［**发布地点**］国务院台湾事务办公室新闻发布厅

国务院台湾事务办公室
新闻发布会

2019 年 1 月 16 日

1 月 16 日上午 10 时，国台办在新闻发布厅举行例行新闻发布会。发言人马晓光介绍 2018 年两岸关系发展和对台工作情况，然后就近期两岸热点问题回答了记者提问。

马晓光： 各位媒体朋友们，大家上午好，欢迎大家出席 2019 年国台办首场发布会，并向大家致以新年问候。

2018 年，是两岸同胞携手推动两岸关系克难前行的一年。面对复杂严峻的台海形势，我们深入贯彻党的十九大精神和习近平总书记关于对台工作的重要论述,贯彻落实党中央决策部署,积极有为,稳中有进,团结广大台湾同胞,引领两岸关系朝正确方向发展。

我们坚持一个中国原则和"九二共识",坚决反对和遏制形形色色的"台独"分裂行径。加强与岛内认同"九二共识"、支持两岸关系和平发展的政党和团体交流对话,团结两岸同胞共同维护台海和平稳定。民进党当局在教育文化等领域推动"去中国化"的倒行逆施遭到岛内有识之士普遍反对,所谓"奥运正名公投"案遭到挫败。我们在国际上的朋友圈越来越大,一个中国原则越来越得到国际认同。

我们心系广大台湾同胞利益福祉,采取一系列惠及广大台湾同胞的政策措施,为台胞办实事、做好事、解难事。出台促进两岸经济文化交流合作的"31 条措施",制发台湾居民居住证、取消台湾居民就业许可证、实现向金门供水,在率先同台湾同胞分享大陆发展机遇、逐步为台胞台企提供同等待遇方面迈出新步伐。随着 24 个省区市及所辖市县共 65 个地方推出具体落实举措,已经有 2000 多家台资企业享受高新技术企业等各类税收优惠,100 多家台企获得工业转型升级、绿色制造、智能制造等专项资金的支持,一批优质台企中标若干大型政府采购项目，800 多名台胞考取大陆诸多热门行业职业资格，100 多名台胞获得各类荣誉称号。海峡两岸青年就业创业基地和示范点今年又新增 23 个，累计达到 76 个，共入驻或服务台企及团队约 2000 个，逾万名台湾青年在此逐梦、圆梦。各类企事业单位今年共为台湾青年提供了超过 2.5 万个就业实习机会。

我们持续深化两岸经济合作和各项交流。两岸经贸联系越来越密切，各领域交流交往持续扩大深化，更多台湾同胞来大陆就业、创业、学习、生活。两岸贸易往来再创历史新高，全年贸易额为 2262 亿美元，同比增长 13.2%。台商投资稳步增长，全年共批准台商投资项目 4911 个，同比增长 41.8%。截至 2018 年年底，累计批准台资项目 107190 个，占实际使用外资项目总数的 11.2%。有 73 家台企参加首届中国国际进口博览会，台湾工商界参加两岸企业家峰会年会人数已超过了往年。2018 年两岸人员往来超过 905 万人次，同比增长 3.2%。其中台湾同胞来往大陆首次突破 600 万人次，"首来族"达到了 40 万人，均创历史新高。截至 2018 年年底，台湾居民来大陆累计超过 1 亿人次。今年有 8000 多名台湾基层民众热情参与第十届海峡论坛。1800 多人参与了两岸青年运动会，第二届两岸学生棒球联赛继续掀起新热潮。报考大陆高校的台生也成倍增长。

2019 年是新中国成立 70 周年，也是全国人大常委会发表《告台湾同胞书》、和平统一方针提出 40 周年。新年伊始，习近平总书记发表了《为实现民族伟大复兴推进祖国和平统一而共同奋斗》的重要讲话，为开展新时代对台工作提供了根本遵循和行动指南，我们将深入学习、全面贯彻落实习近平总书记重要讲话精神。

尽管两岸关系不会一帆风顺，"台独"势力还会挑衅生事，但我们完全有能力战胜各种风险挑战。相信在新的一年里，两岸同胞交流会更加热络，合作会更加密切，亲情会更加增进。两岸同胞携手同心，继续推动两岸关系和平发展，推进祖国和平统一进程。

下面我愿意接受大家提问。

新华社记者：请问发言人，习近平总书记在《告台湾同胞书》发表 40 周年纪念会上的重要讲话，对于引领新时代两岸关系、推进对台工作有哪些重要意义？

马晓光：习近平总书记的重要讲话全面阐述了我们立足新时代、在民族复兴伟大征程中推进祖国和平统一的重大政策主张，具有划时代的意义，是指引新时代对台工作的纲领性文件，是做好新时代对台工作的根本遵循和行动指南。

习近平总书记的讲话，全面回顾了对台工作和两岸关系的重大成就，深刻揭示台湾前途命运与民族伟大复兴的内在联系，深刻昭示了两岸关系发展和祖国必然统一的历史大势。讲话提出的五大重大政策主张，科学回答了新时代如何推动两岸关系和平发展、团结台湾同胞共同致力于实现民族伟大复兴和祖国和平统一的时代命题，丰富了新时代坚持"一国两制"和推进祖国统一基本方略的重要内涵，鲜明表达了坚决反对"台独"分裂，反对外来势力干涉的严正立场，清晰画出了不容逾越的红线。既充分表明我们推动祖国和平统一的决心和诚意，也充分考虑和回应了台湾同胞的需求和关切，充分体现了对台湾同胞利益福祉的关心和关怀，为新时代两岸关系的发展指明了前进的方向。

习近平总书记的重要讲话对我们进一步坚定信心，继续团结广大台湾同胞在内的全体中华儿女共同致力于两岸关系和平发展、中华民族伟大复兴，完成祖国和平统一大业，具有重大指导意义，必将产生深远的影响。

《人民日报（海外版）》记者：习近平总书记在《告台湾同胞书》发表40周年纪念会上的重要讲话中指出，"海峡两岸同属一个中国，共同努力谋求国家统一"的"九二共识"，在"九二共识"当中加入"谋求国家统一"，请问发言人这是否意味着"九二共识"的内涵有所变化？

马晓光：1992年11月，海协会与台湾海基会经由香港会谈及其后函电往来，达成了各自以口头方式表述"海峡两岸均坚持一个中国原则"的共识。海基会的表述是："在海峡两岸共同努力谋求国家统一的过程中，双方虽均坚持一个中国的原则，但对于一个中国的涵义，认知各有不同。"海协会的表述是："海峡两岸都坚持一个中国的原则，努力谋求国家统一。但在海峡两岸事务性商谈中，不涉及一个中国的政治涵义。"由此可以看出，坚持一个中国原则，共同努力谋求国家统一，就是"九二共识"的应有之义。

中央广播电视总台央视《海峡两岸》记者：蔡英文拒绝承认"九二共识"，而且她希望岛内其他人也不要承认"九二共识"，她说"九二共识"就是"一国两制"，请问发言人对此有何看法？

马晓光："九二共识"是两岸关系发展的共同政治基础，明确界定了两岸关系的性质，表明双方在努力谋求国家统一进程中均坚持一个中国原则。"一国两制"是实现国家统一后的制度安排。民进党当局领导人故意将二者混为一谈，是刻意误导台湾民众。两岸关系好，台湾同胞才会好，但是对于那些开历史倒车、倒行逆施的人和势力来说，两岸关系好，他们的日子就不一定好过。因此他们肆意否定"九二共识"，诬蔑"一国两制"，进一步暴露了他们的分裂立场，进一步暴露了他们企图通过升高两岸对抗和敌意来破坏两岸关系，谋取个人私利的目的。相信两岸同胞特别是广大台湾同胞不会上当。

中央广播电视总台央广记者：据报道，《告台湾同胞书》发表40周年纪念会后，美白宫国安会发言人称，美方"拒绝接受武力恐吓台湾人民的方案和威胁"，呼吁大陆"停止压迫台湾"，恢复与台当局的对话。民进党当局对此表示会持续与美方紧密合作，并表示感谢，请问发言人对此有何评价？

马晓光：第一，台湾问题是中国内政，事关中国核心利益和中国人民的民族感情，中国人的事要由中国人来决定，不容任何外来干涉。第二，我们对台基本方针政策是"和平统一、一国两制"，愿以最大诚意、尽最大努力争取和平统一前景，但我们决不容忍"台独"，并保留采取一切必要措施的选项。这里不存在所谓"武力恐吓台湾人民"和"压迫台湾"的问题。美方人员不应该不负责任地挑拨两岸人民感情。美方人员对民进党当局破坏两岸关系政治基础、升高两岸敌意的言行视而不见，却不断地发出错误信息，只会进一步破坏两岸和平稳定。第三，民进党当局挟洋自重，广大台湾同胞不答应，两岸同胞都不会答应，所以必将自食恶果。

深圳卫视记者：据台湾媒体报道，台所谓"法务调查局"前不久获得大陆方面的同意到港设立"法务秘书"，据称这是该局首次有人在海外据点工作，请问发言人对此有何评论？

马晓光：首先，有关报道不符合事实。按照港台双方的有关共识，香港"台北经济文化办事处"并未设立"法务秘书"一职，更没有所谓"获得大陆方面同意"这回事。台湾有关机构应该切实遵守《中华人民共和国香港特别行政区基本法》及有关法律，在规定的职责范围内活动。

福建厦门卫视记者：《中华人民共和国个人所得税法实施条例》1月1号颁布，台有关方面称，大陆在新税法当中纳入了反避税的规定，如果台胞是以在大陆有合法稳定住所申请台湾居民居住证的话，可能会被认定为"税收居民"，这将使大陆的台商存在较高的风险，请发言人评论一下。

马晓光：据了解，《中华人民共和国个人所得税法》及其实施条例中增加反避税的条款，是一项普适性的税收政策，这些规则在世界主要国家和地区包括在台湾地区的税收立法中普遍存在。

台胞在大陆工作、经商，与港澳同胞享有相同的税收义务和权利，不存在所谓"较高风险"一说。关于台胞台商关心的新税法相关问题，我在此再做一些说明。一是台胞在申请居民居住证时的"合法稳定住所"，并不等同于个人所得税法上所说的"有住所"，台胞在大陆有合法稳定的住所，但因为学习、工作、探亲等原因消除以后，返回台湾的，原则上视为"无住所"的个人，不据此认定为大陆的税收居民。

二是此次个人所得税改革，延续并优化了原税法实施条例中的优惠政策，对无住所个人来大陆境内短于6年者，对其境外支付的境外所得免予征税。

三是此次改革全面实施了综合与分类相结合的税制，提高了起征点，调整了税率表，增加了专项的附加扣除，进一步减轻了台湾同胞在大陆就业和生活上的税负。

台湾中天电视台记者：我有两个问题：第一，台湾"工研院"宣布禁止内部员工使用华为手机和电脑，对此发言人有何评论？第二，福建省省长宣布在2019年将积极推进与金、马通水、通电、通气、通桥等新"四通"，想要了解一下有关态度。

马晓光：第一个问题，对于这类出于政治目的破坏两岸正常经贸合作的做法，我们坚决反对。因为这不仅损害大陆企业的利益，也严重损害台湾消费者的利益。这种做法迎合外国某些势力，甘当外人的"棋子"，是不得人心的。

第二个问题，习近平总书记在1月2日的重要讲话中，从"亲望亲好，中国人要帮中国人"的亲情善意出发，提出深化两岸融合发展，继续率先同台湾同胞分享大陆发展机遇，促进台湾同胞福祉的一系列政策主张，提出"两岸要应通尽通"，并且提出"可以率先实现金门、马祖同福建沿海地区通水、通电、通气、通桥"。福建省方面认真贯彻习近平总书记的重要讲话精神，将积极推进有关工作。

中央广播电视总台国广记者： 近日，台湾地区领导人蔡英文参加活动时妄称说，每年大陆有两三百万人次赴台，其中有人会利用交流活动为掩护，"刺探"或者"收集情报"，2018年以来台湾有关部门以危害安全为由抓了174人，其中就有陆客，请问发言人对此有何评论？

马晓光：民进党当局不断地编造、罗织一些莫须有的罪名，阻挠和破坏两岸正常的交流往来，恐吓台湾民众，升高两岸对抗，煽动两岸敌意，这种恶劣行径不得人心，也必将遭到两岸同胞的坚决反对。

香港中评社记者：有媒体报道，预计春节前后，前往高雄和台中地区的大陆游客将明显增长至少两成以上，尤其高雄会更加明显，请问发言人对此有何评论？

马晓光：广大大陆游客看到高雄出现的积极变化，也看到了高雄市相关负责人对于两岸关系和两岸城市交流性质有正确认知，所以在春节前后出现赴高雄旅游人数的增多，应该是自然的和意料之中的事情。

福建东南卫视记者：台当局通过多种途径阻挠台湾县市和大陆的交流，首当其冲受到影响的就是高雄市，与此同时，高雄市市长韩国瑜不断强调"九二共识"和两岸交流的重要性，请问发言人对此有何评价？

马晓光：我们已经多次讲过，只要对两岸关系性质和两岸城市交流的性质有正确认知，我们对两岸城市交流都持积极开放的态度，我们也愿意在这个基础上，欢迎并支持更多的台湾县市参加到两岸城市交流中来，促进两岸民众的亲情和福祉，扩大两岸同胞，特别是台湾同胞的受益面和获得感。同时需要指出的是，2016 年以来限制两岸交流往来的一些结构性的因素、根本性的症结还没有消除。我们注意到最近在岛内围绕着要交流和不允许交流进行的一些交锋，我想，广大台湾同胞都会判断，哪些是对两岸关系好，哪些是对台湾同胞自身的利益福祉有利，会做出正确的判断。

福建海峡卫视记者：张亚中宣布参选台湾地区领导人，有评论认为未来"统派"在台湾的选举当中会有更大的声量，请问发言人有何评论？

马晓光：我们对台湾岛内的事务，特别是围绕选举的事务从来不予置评。我想强调的是，我们对台方针政策是"和平统一、一国两制"，对于台湾岛内主张统一的团体和人士，我们愿意进行往来、接触、加强交流对话。

香港凤凰卫视记者：习近平总书记提出对台工作"五点主张"之后，蔡英文强调两岸的交流必须是"政府"之间的或者授权的机构坐下来谈，这与大陆提出"一国两制"的台湾方案有一定冲突，发言人如何评论？

马晓光：刚才我已经进行了评论和驳斥。2016年以来，两岸制度化交往和协商机制为什么中断，是因为民进党当局单方面破坏了两岸协商的共同政治基础，他们拒不承认一个中国原则，否定"九二共识"，这是根本症结所在。这个原因大家都十分清楚。

台湾《联合报》记者：请问马英九接受专访时，被问到5月20号解禁后是否有可能访问大陆，他说不排除这个可能性，请问发言人怎么评价？

马晓光：马英九先生在担任台湾地区领导人期间，坚持"九二共识"、反对"台独"，推动两岸关系和平发展，取得了积极成果。我们愿意同台湾岛内坚持"九二共识"、反对"台独"、赞成两岸关系和平发展的政党、团体和人士加强交往，就两岸关系和民族未来广泛交换意见。

人民日报海外网记者：厦门市海沧区今年开出了30多个社区主任助理的空缺职位，台湾陆委会宣称，经过相关机关的会商后，认定目前有43名台湾民众因担任大陆基层行政职务，原则上违反了"两岸人民关系条例"，请问发言人对此有何评论？

马晓光：台湾陆委会总是跟台湾同胞的利益福祉对着干。这就是评论。

《人民政协报·两岸经合周刊》记者：台湾政客不断炒作非洲猪瘟疫情议题，蔡英文多次在参加活动中都提到，诬称大陆故意让非洲猪瘟疫情向台湾岛内输入，请问发言人有何评论。

马晓光：在上次新闻发布会上我已经正面详细回答过这个问题。目前，大陆农业主管部门有关负责人也已就非洲猪瘟疫情的防控工作情况再次向社会做了说明。

大家可以到农业部网站上查询。

我要强调的是，大陆方面始终按照"及时、公开、透明"的原则进行疫情发布，及时向世界动物卫生组织等国际区域组织进行通报。中国政府防控疫情的措施和成效，是得到联合国粮农组织等国际专业组织及国际社会充分肯定的。台湾作为世界动物卫生组织的成员，可以通过既有渠道获得相关信息，不存在任何障碍和限制。

作为与台湾相邻的省份，福建省严格落实疫情的报告、检测排查、检疫监督、限制疫区生猪及其产品调运、生猪屠宰监管等各项防控措施，果断处置疫情，严防疫情扩散。像莆田市城厢区、三明市尤溪县、南平市延平区，这些地方的疫情都得到了有效的处置。同时，福建省还组织了全面的排查，对没有发生疫情的地区加大了检测的力度。检查的结果是并没有在我刚才点到的那些区域之外发现非洲猪瘟疫情。在防控疫情方面，民进党当局应该做好自己分内的事情，而不是借题发挥，向大陆"甩锅"，做政治文章。

《台声》杂志社记者： 日前新党主席郁慕明表示，愿意率先与大陆进行政治协商，请问发言人是否还有其他岛内政党或团体表示与大陆进行政治协商的意愿？

马晓光：新党一直主张两岸和平统一，坚定支持一个中国、反对"台独"，我们对此高度赞赏。我们愿意在一个中国原则基础上，同包括新党在内的台湾各党派、团体和人士就两岸政治问题和推进祖国和平统一进程的有关问题开展对话沟通，共同推进两岸关系和平发展，共谋祖国和平统一和中华民族的伟大复兴。

《团结报》记者：请发言人介绍开放台湾居民申请大陆中小学教师资格的政策情况。

马晓光：近日，教育部、中央台办、国务院港澳办联合印发了《关于港澳台居民在内地（大陆）申请中小学教师资格有关问题的通知》。凡符合条件，在大陆学习、工作和生活的台湾同胞，可凭台湾居民居住证或者五年有效期台湾居民来往大陆通行证，也就是俗称"五年期有效"的台胞证，申请参加中小学教师资格考试，认定中小学教师资格。

这是大陆有关部门继"31条"之后，为台湾同胞落实同等待遇推出的又一项利好政策。特别是回应了那些已经在大陆就读师范专业的台湾学生的需求，有很强的现实针对性。今年上半年资格考试日期定在3月9号，报名时间是1月15号到18号，有关具体的情况可以通过中国教育考试网和教育部政务新媒体"微言教育"来查询。欢迎符合条件的台湾同胞踊跃报名。

福建海峡卫视记者：台湾涉外部门日前称"乐见CPTPP生效"，并表示希望CPTPP早日开始接受包括台湾在内的新成员加入，请问发言人对此有何评论？

马晓光：我们已经多次表明，台湾参与区域经济合作，必须以遵守一个中国原则为前提。我们坚决反对我建交国与台湾商签具有主权意涵和官方性质的协议。

中央广播电视总台央广记者：请发言人介绍2019年春节包机的进展情况。

马晓光：2018年12月26日，两岸民航主管部门各自发布新闻稿，确认了2019年春节加班等航空运输安排。按照相关安排，两岸民航主管部门已经于1月10日核准两岸航空公司所有春节加班机的申请，今年总共是528班。

深圳卫视记者：蔡英文在任台陆委会负责人时说过，"九二共识"就是各自表述一个中国，但是现在她却称没有"九二共识"，请问发言人对此有何评论？

马晓光：我们注意到了媒体上的报道。我想，这从一个侧面反映了台湾一些政治人物的政治品行和操守问题。

人民日报海外网记者：近日国民党"立委"蒋万安公开支持台当局领导人在元旦讲话中抛出的所谓"四个

必须",其后他又澄清自己支持"九二共识",请问发言人对此有何评论?

马晓光：我想再次重申，"九二共识"是两岸关系和平发展的政治基础，是两岸关系和平发展的定海神针。

发布会到此结束，感谢大家光临。

[发布时间] 2019 年 1 月 30 日
[发 布 人] 马晓光
[发布地点] 国务院台湾事务办公室新闻发布厅

国务院台湾事务办公室
新闻发布会

2019 年 1 月 30 日

1 月 30 日上午 10 时，国台办在新闻发布厅举行例行新闻发布会。发言人马晓光就近期两岸热点问题回答了记者提问。

厦门卫视记者：春节将至，请问大陆方面采取了哪些措施协助台商台胞返乡过年？

马晓光：春节是中华民族最重要的传统节日，为在春节期间使两岸民众往来，特别是台湾乡亲返乡过年更加便利，大陆有关方面已经开展了春运工作。据了解，大陆航空公司已经按照 2019 年两岸春节加班机的运输安排开展相关工作，并且予以全力保障。今年的春运工作是从1月22日开始，据了解，目前总体上运行顺利。

福建省是台胞返乡过年的重要中转地，每年都承担了大量台胞返乡春运工作。今年福建省相关部门积极采取措施，全面实行网络售票，强化水、陆无缝接驳，为台胞返乡提供便利服务。在海上客运方面，预计闽台海上客运量将达到22万人次，同比增长3%。空中客运方面，厦门航空公司除了执行每周72班往返闽台的固定航班之外，还特别增加了110班由厦门、福州、泉州、杭州、长沙到台北、高雄的加班机，将新增超过1万人次的运力。春运期间，厦航还为旅客送上新春红包、纪念币、糖果礼盒等礼物，在部分航班上还专门配备了台湾籍乘务员，为台胞返乡送上美好的新春祝福。

中央广播电视总台国广记者：近日，高雄至福建平潭快轮首航，也有高雄产品快速运抵，韩国瑜表示愿意到大陆进一步商谈合作，台中市市长卢秀燕近期也将到香港洽谈水果经港销往大陆事宜。对此发言人有何评论？

马晓光：我们多次表明，只要对两岸关系性质和两岸城市交流性质有正确认知，我们愿意与台湾更多的县市开展交流合作，一起增进两岸同胞的亲情和福祉。目前，福建平潭相关企业自高雄采购了700余吨价值超过

1500 万元人民币的农产品和工业品，同样我们也乐见台中市农产品销售到大陆。

我们将继续坚持体现一个中国原则的"九二共识"、反对"台独"，不断扩大深化两岸经济文化交流合作，为台湾同胞谋福祉。

《人民日报》记者：近期台湾当局在入境口岸严查大陆赴台旅客携带猪肉制品。请问对此有何评论？另外，大陆如何加强对赴台旅客的相关宣传引导？

马晓光：对这个问题，我在这里要指出几点：第一，大陆高度重视非洲猪瘟疫情的防控工作，依据《中华人民共和国动物防疫法》《重大动物疫情应急条例》《生猪屠宰管理条例》等法律法规，严格落实疫情排查、检测、处置措施，规范生猪屠宰及流通环节，目前疫情没有流行蔓延。

第二，大陆有关方面通过航空公司、口岸及旅行社进一步加强对往来两岸旅客的宣导。大陆民航部门已经通知执飞两岸航线的航空公司，加强猪肉制品的管控，做好对旅客的宣传提示。文化和旅游部在官网"出行提示"栏目上发布了提醒大陆旅客勿违规携带肉制品入台的旅游提醒。海关总署、交通部也加强了对口岸出入境的宣传及查验。应对动物疫情，事关两岸民众的福祉，我们愿意积极努力，把这件事情做好。

中央广播电视总台央视《海峡两岸》记者：台湾行政部门说，将要公布一份台公务禁用其产品的大陆科技公司名单，这份名单也会不断更新。请问发言人对此有何评论？

马晓光：我们已经多次表示，我们坚决反对民进党当局这类出于政治目的破坏两岸正常经贸合作的做法。在当前两岸经贸往来日益密切的背景下，此举不仅损害大陆企业的利益，也将严重损害台湾消费者以及台湾很多供应链厂商的利益，进而影响台湾自身经济发展。这种制造鸿沟，伤害台湾民众权益的做法不得人心。对此，我们将密切关注。

新华社记者：赖清德日前公开宣称，台湾制定一部所谓"新宪法"的时机已到。请问发言人对此如何评论？

马晓光：赖清德其人此前就曾妄称自己是"台独工作者"，现在他的"台独"面目更加暴露无遗。我要强调的是，以所谓"制宪"的名义推动"法理台独"，只会把台湾推向危险的深渊，严重破坏台海和平稳定，我们绝不会坐视。

深圳卫视记者：日前台陆委会主委陈明通在新春记者会上声称，要落实所谓"民主防护网"，完备安全防卫机制，并在拜会韩国瑜时对两岸交流提出了限制要求，请问发言人对此有何评论？

马晓光：民进党当局罔顾广大台湾民众要求发展两岸关系、改善经济民生的强烈愿望，不断升高两岸对立，限制两岸交流，进一步暴露了他们与台湾民众利益为敌的本质。他们设置"防线"也好，编织"网络"也罢，都挡不住两岸同胞走近走实走好的步伐，最终只能是作茧自缚，被广大台湾同胞所唾弃。

大陆和台湾同属一个中国，体现一个中国原则的"九二共识"，是两岸关系和平发展的政治基础。坚持这一原则，两岸关系就能改善和发展，台湾同胞就能从中受益。我们将继续团结广大台湾同胞，排除干扰，扩大深化包括两岸城市交流在内的经济交流合作，增进台湾民众利益福祉，促进两岸同胞心灵契合。

《中国日报》记者：有消息称，李明哲妻子李净瑜被暂停探视李明哲3个月。请发言人予以证实。

马晓光：李净瑜于2018年12月17日至18日会见罪犯李明哲之后，罔顾事实，发表与事实严重不符的言论，干扰了监狱的正常执法工作，有碍罪犯李明哲的改造。监狱方依法依规对其做出暂停会见3个月的决定。在这期间，其他符合规定的申请会见人可以依照有关规定正常会见，监狱方将一如既往依法保障罪犯正常的会见权利。

中新社记者：台陆委会声称，将安排在台滞留的两名大陆居民离台前往第三地，再以"专业交流"的名义申请赴台。请问发言人对此有何评论？

马晓光：我们注意到有关报道。这是民进党当局制造借口挑衅两岸关系的恶意举动。我们密切关注事态发展。

福建东南卫视记者：美国海军宣布两艘军舰于1月24日通过台湾海峡，同日，解放军多架战机飞越巴士海峡后返回，三艘军舰在台湾以东海域活动。请问您对此有何评论？

马晓光：台湾问题事关中国核心利益，我们坚决反对任何外来干涉。我们有坚定的意志、充分的信心和足够的能力维护国家主权和领土完整。

中评社记者：美国众议院在当地时间1月22日表决通过一项提案，要求美国国务卿研究策略，协助台湾地区重获世界卫生组织观察员资格，请问发言人有何评论？

马晓光：台湾问题是中国内政，不容任何外部干涉。关于台湾地区参与世卫等国际组织活动问题，必须按照一个中国原则处理。只有认同一个中国原则，才能通过两岸协商对台湾地区参与世卫组织活动做出安排。挟洋自重没有出路。

《人民政协报·两岸经合周刊》记者：日前，蔡英文频繁接触台军，并鼓吹"大陆威胁论"，企图以武获"独"、以武拒统。对此发言人做何评价？

马晓光：一句话，以武拒统，死路一条。

福建海峡卫视记者：去年电视剧《延禧攻略》在岛内热播，成为全岛的第一流量担当。近日，有媒体曝出，这部剧还被纳入了岛内 2019 年大学学科能力测试。请问发言人对此有何评论？

马晓光：我想，两岸同胞都是中国人，中华文化是我们共同的根和魂。近些年来，大陆优秀影视剧在台湾受到了观众热捧，产生了广泛影响，这是很自然的事。至于说你讲的学测，我想，它也是在追热点。

人民日报海外网记者：我们注意到台湾地区领导人蔡英文再次致函教宗，在信中妄称"大陆打压矮化台湾"，宣扬所谓的"四个必须"，还指责大陆"不放弃武力威胁"，最后还自诩有和平精神。请问发言人对此有何评论？

马晓光：最近一段时间，民进党当局领导人忽而装成"大力水手"当网红，忽而又扮演"花旦"告洋状，不断升高两岸对立，煽动两岸敌意，阻挠两岸民众的交流合作，破坏两岸关系和平发展。谁都看得出来，其这么卖力地表演，不惜拿台湾民众的利益做赌注，都是为了一己之私、一党之私。

台湾同胞是我们的骨肉兄弟，我们从来都善待台湾同胞，中国人不打中国人。如果说我们威慑了谁，那当然是"台独"势力及其分裂活动。"台独"是台湾民众根本利益的最大祸害，是两岸关系和平发展的最大威胁。如果谁想对号入座，那只能自取其辱。

《北京日报》记者：有台媒报道，陆委会禁止某些广播节目播出在北京驻点的台湾记者谈话内容，理由是这些记者的意识形态已变得"倾中"。请问发言人有何评论？

马晓光：有关视频已经在网上播出了，我想大家都看到了，相关记者已予以有力诘问和强烈回击。这件事再次反映出陆委会、民进党当局在破坏两岸关系方面已经无所不用其极。

《台声》杂志社记者：1 月 25 日，台湾著名作家林清玄过世，他的多篇文章曾入选大陆中小学课本。请问发言人对此有何评论？

马晓光：林清玄先生是享誉两岸的知名作家，他积极从事两岸文化交流，到过大陆 300 多个城市，与很多大陆作家都是要好的朋友。林先生豁达、恬淡的人生品格，对中华智慧和中华文化的信仰与坚守，通过清新、真纯的美学风格呈现出来，深深地留在了两岸读者的记忆中。对于他的离世，我想用一句"一杯浊酒送清欢"来表达哀思，愿在他身后，两岸文化艺术界的交流更加密切，中华文化在海峡两岸进一步弘扬光大。

台湾《联合报》记者：海基会董事长张小月日前说，即使现在两岸有不同政治立场，但是她认为两岸文化交流应该要更加频繁深入，希望未来有机会可以到大陆实地参访台商子女学校。想请问国台办有什么样的回应？

马晓光：我想大家也都注意到了，张小月女士的这番表态，和陆委会、民进党当局做的事情好像不太搭调。至于说两会的制度化协商和交往机制，民进党上台以后已经停摆了，我相信，原因何在，大家都很清楚。所以我也希望，海基会方面能够敦促民进党当局尽快回到"九二共识"的共同政治基础上来，以便尽早实现她访问大陆的心愿。

《团结报》记者：近日蔡英文参加海基会举办的陆配新春联欢活动，提到过去几年在政策推进、法令修改上对陆配相关议题做出了一些改进，请问发言人怎么评论她这一番说辞？

马晓光：众所周知，长期以来民进党及其当局对于大陆配偶的权益施加了很多不合理的甚至是非人道的限制，包括陆配的工作权、居留权乃至于选举权和被选举权都遭到了十分不合理的限制。所谓"改进"之说，不知从何而来。如果民进党当局真想改进，不如立即行动起来，把强加在陆配身上的各种不合理限制尽早撤除。

福建厦门卫视记者：第二次提问，就在昨天厦门和金门两地再次对接，围绕"应通尽通"提出了新一年深化"厦金共同生活圈"的建设。请问发言人对此有何评论？您认为厦金两地还能在哪些领域先行先试？。

马晓光：1月27日到30日，金门县县长杨镇浯率团到福建交流参访，与福建有关方面就推动两地的通水、通气、通电、通桥以及县市交流等事宜进行探讨。我们的态度是开放的，只要是有利于两岸同胞亲情福祉的事情，我们都愿意积极推动。

中新社记者：二次提问，台湾行政当局上周发布的外销订单数据显示，大陆及港澳订单数额总计1302.3亿元新台币，创历年新高，比2017年上涨了6.2%。对这一数据发言人怎么看？

马晓光：我认为这体现了两点。首先这说明两岸的经贸关系已经密不可分，你中有我，我中有你，合则两立，断则两伤。这是不以任何人的意志、以任何手段去干扰破坏所能改变的。第二，这也说明这些年来随着大陆的发展繁荣，随着大陆不断出台惠及台胞台企的政策措施，随着大陆扩大开放、深化改革各种措施的不断推出，我们为台商台企来大陆发展，为两岸经贸繁荣创造了良好的环境和条件。当然，我们衷心希望，而且也愿意率先同台湾同胞分享大陆发展机遇，使台湾同胞在大陆实现更大更好的发展。

人民日报海外网记者：二次提问，麦当劳此前在台湾地区的一则广告中错误标识台湾，事后紧急发声明称，始终坚持"一个中国"的立场，台外事部门却因此表示不满。请问发言人对此有何评论？

马晓光：台湾是中国领土不可分割的一部分，这具有无可辩驳的事实和法理基础。在中国投资经营的企业，理应尊重这个事实，遵守中国的法律。

《人民政协报·两岸经合周刊》记者：二次提问，在回应赖清德等人"制宪正名"的讲话时，新任民进党主席称，民进党在面对"台湾'独立'运动"上不会缺席，请问发言人对此怎么看？

马晓光：这再次暴露了民进党就是两岸关系的破坏

者，是台海和平稳定的麻烦制造者。我们提出严重警告，如果胆敢推动形形色色的"台独"分裂活动，我们绝不会坐视。

《北京日报》记者：二次提问，台湾文化部门负责人郑丽君日前遭到不满"去蒋化"人士掌掴。有消息曝出，郑丽君支持文化"台独""去中国化"，但其家人却长期在大陆投资，请问发言人对此有何评论？。

马晓光：我们看到这个报道，也注意到了台湾舆论认为，民进党当局应该反思，为什么会发生掌掴这样的事情。

你问的第二层含义，我们的立场和态度都是十分明确的，也是十分坚决的，我们绝不允许任何人、任何企业一方面在大陆赚钱，另一方面却支持"台独"分裂活动，破坏两岸关系。

各位记者朋友，己亥新春即将来临，在这里我提前给大家拜个早年，祝各位在新的一年里身体健康、工作进步、阖家欢乐、万事如意！谢谢大家的光临。

[发布时间] 2019 年 2 月 27 日
[发 布 人] 安峰山
[发布地点] 国务院台湾事务办公室新闻发布厅

国务院台湾事务办公室
新闻发布会

2019 年 2 月 27 日

2月 27 日上午 10 时，国台办在新闻发布厅举行例行新闻发布会。发言人安峰山就近期两岸热点问题回答了记者提问。

安峰山：各位记者朋友，大家上午好，欢迎大家出席今天上午国台办举行的例行新闻发布会。春节刚过，祝大家新春快乐。下面我愿意回答大家的提问。

新华社记者：我有两个问题。第一个，大陆提出"探索'两制'台湾方案"，引发台湾舆论对"一国两制"的关注和探讨，但岛内有些人对"一国两制"还有疑虑，请发言人再做进一步的阐述。第二个，蔡英文日前接受外媒采访，诬蔑攻击大陆对台进行所谓的"打压"与"威胁"，升高两岸对立，请问发言人对此有何评论？

安峰山：第一个问题，两岸同属一个中国、中国的主权和领土完整没有分割也不可能分割，这是不容置疑的事实，具有充分的法理基础。民族复兴、国家统一是大势所趋，大义所在，祖国必须统一，也必然统一是两岸关系发展历程的历史定论，也是新时代中华民族伟大复兴的必然要求。台湾前途在于国家统一，台湾同胞福祉系于民族复兴。两岸中国人应该共同努力谋求国家统一，抚平历史创伤。

"和平统一、一国两制"是我们解决台湾问题的基本方针，也是实现国家统一的最佳方式，既充分考虑台湾现实情况，又有利于统一后台湾的长治久安。"一国两制"体现我们对广大台湾同胞最大的善意和关爱，必然会给台湾同胞带来更大的发展机遇、更好的生活条件。和平统一后，台湾将永保太平，民众将安居乐业。有强大祖国做依靠，台湾同胞的民生福祉会更好，发展空间会更大，在国际上腰杆会更硬、底气会更足，更加安全、更有尊严。

制度不同，不是统一的障碍，更不是分裂的借口。

"一国两制"的提出，本来就是为了照顾台湾现实情况，维护台湾同胞利益福祉。习总书记指出，"一国两制"在台湾的具体实现形式会充分考虑台湾现实情况，会充分吸收两岸各界意见和建议，会充分照顾到台湾同胞利益和感情。在确保国家主权、安全、发展利益的前提下，和平统一后，台湾同胞的社会制度和生活方式等将得到充分尊重，台湾同胞的私人财产、宗教信仰、合法权益将得到充分保障。

第二个问题，所谓"打压"和"威胁"的说法，完全是歪曲事实，混淆视听。台湾同胞是我们的骨肉兄弟，我们始终为台湾同胞做实事、办好事、解难事，坚定维护并不断增进台湾同胞的利益福祉，帮助他们实现更大更好的发展。而民进党当局则站在广大台湾同胞的对立面，做着完全相反的事情。

我们坚决反对和遏制"台独"，正是为了维护包括2300万台湾同胞在内的全体中国人民的共同利益，因为"台独"才是台海和平稳定的最大威胁，也是两岸同胞利益福祉的最大祸害。在这个事关民族和同胞根本利益的原则问题上，我们的态度是坚定不移的。

中央广播电视总台国广记者：有两个问题。第一个问题，福建省计划向金门、马祖供电，并已启动向马祖供水的相关工程，请介绍有关情况。在这方面，下一步有哪些考虑和规划？第二个问题，据报道，高雄市市长韩国瑜近期将访问厦门等地，还有些蓝营市长也宣布将推进与大陆城市的交流合作，有岛内舆论建议，在"31条措施"中，增加两岸城市交流的内容，请问这方面的交流有何规划？

安峰山：第一个问题，习总书记在《告台湾同胞书》发表40周年纪念会上发表的重要讲话中提出，亲望亲好，中国人要帮中国人，两岸要应通尽通，要提升经贸合作的畅通、基础设施联通、能源资源互通和行业标准的共通，同时提出可以率先实现金门、马祖同福建沿海地区的通水、通电、通气、通桥。这体现出了我们"以人民为中心"的发展理念，着眼于两岸同胞的共同发展，通过与台湾同胞分享大陆发展机遇，为台湾同胞谋福祉，帮助解决经济民生方面的实际问题，为台湾同胞提供更好更多的发展条件。

金门、马祖的民众长期以来希望大陆帮助解决用水用电紧缺等困难，也多次表达过通气、通桥的诉求。我们的态度非常明确，对这些需求，大陆愿意尽一切努力为他们实现更大更好发展创造机遇、提供条件。福建省有关方面已经初步完成了向金马供电和向马祖供水的研究规划，做好了前期的准备。我们也将继续采取积极举措，加快福建沿海地区与金门、马祖通气、通桥的互联互通建设，促进两岸融合发展。

第二个问题，我们欢迎并支持两岸城市在坚持"九二共识"基础上开展多种形式的交流合作，共同增进两岸同胞的利益福祉。近期已经有多位台湾县市长率团访问大陆，与大陆有关城市开展交流合作，取得了积极的成果。我们欢迎更多的台湾县市加入进来，只要双方共同努力，克服障碍，积极推进交流合作，就能给台湾同胞带来更多实实在在的好处。

另外你也提到岛内有关舆论希望大陆在"31条措施"之中加入两岸城市交流的相关内容，我们认为台湾岛内各界围绕着两岸交流合作积极建言献策，反映了台湾同胞希望加强两岸交流合作、实现共同发展的强烈愿望，体现了他们对大陆为台湾同胞谋福祉的方针政策的关心和支持。这些年来，我们认真倾听台湾同胞心声，推出的各项惠及台湾同胞政策措施，很多都是积极回应台湾同胞的诉求，为增进台胞福祉发挥了作用。推动包括两岸城市交流在内的各项交流合作前景广阔，还有很多事情可以做，但也存在着一些众所周知的人为障碍。希望两岸同胞能够共同努力，排除障碍，不断在强化交流合作中扩大受益面和获得感。

《人民日报（海外版）》记者：促进两岸经济文化交流合作的"31 条措施"明天就要满一周年了，这在一年里，"31 条措施"取得了哪些成果？下一步还会有哪些深化落实举措？

安峰山：去年 2 月 28 日，也是在这里，我们正式发布了《关于促进两岸经济文化交流合作的若干措施》。颁布实施"31 条惠及台湾同胞措施"，体现了我们率先同台湾同胞分享大陆发展机遇的真诚意愿，也彰显了"两岸一家亲"的重要理念。

"31 条措施"实施一年来，给台企在大陆的投资兴业和台胞在大陆的发展都带来了实实在在的好处，取得了良好的效果。一是提升了台湾同胞在大陆各地学习、工作、生活的便利化；二是台湾同胞享受同等待遇在更大范围和更多领域得到了落实；三是台湾同胞有更多的参与感、获得感和融入感，进一步促进了两岸经济社会的融合发展。

截至目前，大陆已经有包括 25 个省区市在内的 72 个地方分别制定了具体的落实举措，涵盖东部地区的全部省份、中西部和东北地区大部分省份及全部的计划单列市。不少地方公布了包括政策解读、办事流程和联系电话等内容的实施细则，基本上做到了"条条有案例、项项有着落"；一些地方结合本地的实际先行先试，为台胞台企提供了更多的与当地居民和企业的同等待遇。近一年来，据不完全统计，已经有2000余家台企享受到高新技术企业等各类的税收优惠，有100多家台企获得工业转型升级、绿色制造、智能制造等专项资金的支持，有一批优秀台企中标了北京新机场、港珠澳大桥、武汉天兴洲长江大桥、杭州城市名片灯光秀等政府采购项目，有800多名台胞考取了多个热门行业的资格，有100多名台胞获得各地"五一劳动奖章""三八红旗手""五四青年奖章"等各类荣誉称号。2018年，台生报考大陆高校的人数、台青来大陆就业的人数以及由大陆就业创业机构所提供服务的新增台企数量都保持了两位数的增长。越来越多的台胞台企特别是台生、台青选择来大陆发展，实现人生理想。

今后，我们将深入贯彻习总书记"继续率先同台湾同胞分享大陆发展机遇，为台湾同胞台湾企业提供同等待遇"的重要讲话精神，继续会同有关部门和地方，以"钉钉子"的精神持续做好"31条措施"的落实工作，及时协调解决广大台胞台企普遍关心的问题，研究出台更多惠及台湾同胞的措施，为台胞台企在大陆的发展提供更多便利条件，让台胞有更多的获得感。

深圳卫视记者：最近国民党主席吴敦义等人士提出了两岸和平协议的议题，民进党及其当局表示反对，声称要"修法"设立洽签两岸和平协议"双审议、双公投"的高门槛。请问发言人对此有何评论？

安峰山：推动两岸关系和平发展，是两岸同胞的共同愿望，也是两岸同胞的共同利益所在。凡是有利于两岸同胞切身利益和中华民族根本利益的事，都应该努力推动。只要是有利于维护台海和平、有利于增进两岸关系和平发展、有利于推进祖国和平统一进程的议题，都可以由两岸双方、社会各界来共同探讨。在一个中国原则基础上，两岸双方，各政党、各界人士应本着对民族、对后世负责的态度，凝聚智慧，发挥创意，聚同化异，争取早日解决政治对立，实现台海的持久和平。民进党当局无视台湾民众对两岸关系和平发展、互利双赢的渴望，背道而驰，横加阻挠，只会损害台湾同胞的切身利益，葬送台湾的前途和未来。

香港中评社记者：两个问题。第一个问题，上海市台办主任日前在台北访问，原拟受邀到中南部去参访，却遭到了阻止，台湾陆委会声称，大陆台办的官员赴台"大多都是带有政治目的的"，不应该让他们在台"走透透"。请问对此有何评论？另外，台陆委会主委陈明通随后也声称，上海市台办主任在台期间曾向其表示希望推广澎湖包机观光计划，请问是这样吗？第二个问题，据报道，台湾某出版社拟邀请一名曾攻击大陆的台湾艺人参与推荐一本从大陆引进的书籍，被大陆出版方拒绝。民进党当局借机攻击大陆是"打压言论、出版自由"，请问发言人对此有何评论？

安峰山：您的第一个问题，上海市台办李文辉主任在台期间并没有跟陈明通进行过任何接触，怎么可能做出这样的表示？这种无中生有、编造事实的情况已经不是第一次发生了。

大陆各地台办人员赴台交流都是为了促进两岸同胞的交流合作，增进台湾同胞的利益福祉，是为了做好事而去。今年春节期间，为了让台湾同胞更好地欢度中华民族传统佳节，很多地方台办牵头组织了多种文化、旅游、民俗活动赴台展示和演出，丰富了台湾同胞的节日生活，也得到了台湾同胞的欢迎和好评。这些举措，台湾同胞都看在眼里，记在心里。台湾当局为他们赴台设置障碍，是在坏台湾同胞的好事。包括台陆委会在内的有关部门某些人，不断口出恶言，阻挠两岸交流合作，在两岸都引起了民愤。

您的第二个问题，图书推荐人和推荐语是属于图书内容的一部分，由出版社和作者进行选择，这是正常的通行做法。民进党当局介入只涉及出版社和作者的日常图书出版，借题发挥，诬蔑抹黑大陆，其居心何在？众所周知。

中央广播电视总台央视《中国新闻》记者：教育部日前公布，今年起将再调整台湾高中生毕业生申请报考大陆高校的标准，请发言人介绍相关情况。

安峰山：青年是民族的希望和未来。我们一直高度重视台湾青年的发展前途问题，不断为台湾青年学子来大陆学习、就业、创业创造更好条件，提供更大的发展空间。近年来，有越来越多的台湾学子希望来大陆高校求学就读，来追求个人更好的发展，实现人生梦想，广大台湾青年报考大陆高校十分踊跃，对大陆扩大招生有强烈的要求。大陆教育部门和有关高校本着"两岸一家亲"的理念，积极为台生到大陆求学创造更好条件，提供相关便利。在以往出台的一系列便利化措施的基础上，今年新提出了以下两项政策措施：

第一，扩大招生范围。为了满足台生踊跃报考大陆高校的实际需求，并根据岛内学测考试的变化，自2019年起，凡持有相关证件并参加当年学测考试，语文、数学、英文三门科目任何一门成绩达到均标级以上的台湾高中毕业生，都可直接向大陆高校申请就读。

第二，增加招生院校的数量。今年具备招生台湾高中毕业生的大陆院校有 336 所，含 16 所预科招生院校，较去年增加了 20 所。其中有不少是大陆"双一流"建设高校，还有支撑区域发展的特色优质学校，可以满足台湾学生的多样化需求。

台湾高中毕业生可以通过相关高校网站和"祖国大陆面向港澳台招生信息网"来查询招生简章，获取报考信息，并提交相关的申请。

福建厦门卫视记者：台陆委会日前称，在厦门海沧区就业的台胞社区主任助理所谓"原则违法"，请问发言人对此有何评论？

安峰山：近年来，有越来越多的台湾青年来大陆求学、就业、创业。我们也相继出台了一系列政策，为台湾学生来大陆就读提供更多便利，为台湾青年发挥所长提供更多机会。有些地方根据当地的实际，采取了一些创新的举措，像厦门市海沧区聘请台胞担任社区主任助理，从专业角度协助当地开展乡村振兴和社区建设工作，就是其中一个有益的探索。

众所周知，大陆的社区居民委员会和村民委员会都是属于基层的自治组织。这些台胞社区主任助理与当地企业签订劳动合同，参加社区工作，享有与其他企业员工同样的待遇和社会保障。台湾有关方面对他们所谓"违法"指控是毫无根据，也是完全站不住脚的。大家或许还记得，去年曾经有一些台湾青年参加中国银行的招聘，台陆委会竟以中国银行属于大陆事业单位为借口，指责这些台湾青年"违法"。多年来，成千上万的台湾同胞在大陆高校、医院等事业单位，以及基层社区、国有企业和国有商业银行等金融机构工作。难道民进党当局非要砸他们的饭碗、断他们的生计、毁他们的福祉吗？对台湾同胞和台湾青年在大陆的学习、工作、创业，寻求更好的发展机会横加阻挠，其居心何在？

我们将一如既往地为台湾同胞谋福祉，为台湾青年来大陆就业、创业，追梦、筑梦、圆梦提供更好的发展空间，也会坚定地维护他们的合法权益。民进党当局不应一再阻挠和干扰两岸正常的交流合作、断送台湾青年就业和发展的机遇、无端刁难台湾同胞，那是绝不会得人心的。

中新社记者：《粤港澳大湾区发展规划纲要》日前公布，请问将给台商带来哪些商机？

安峰山：近日，中共中央和国务院印发了《粤港澳大湾区发展规划纲要》，指出粤港澳大湾区既是新时代推动形成全面开放新格局的新尝试，也是推动"一国两制"事业发展的新实践。粤港澳大湾区以及京津冀协同发展、长江经济带建设、长三角一体化、海南自贸试验区等重大战略，都将为广大台商在大陆的发展提供更多发展机遇、营造良好的发展环境，有助于发挥台胞台企在科技创新等方面的优势，加强两岸在产学研方面的深度融合。我们积极欢迎并支持广大台胞台企参与这些重大战略，实现更好的发展。

中国台湾网记者： 2 月 28 日是"31 条措施"发布实施一周年的日子，中国互联网协会海峡两岸互联网交流委员会即将发布一款"31 条"移动服务应用产品，请发言人介绍相关情况。

安峰山： 为了更好地为两岸同胞特别是台湾同胞提供优质的两岸资讯服务，海峡两岸互联网交流委员会在"31 条惠及台湾同胞措施"发布实施一周年之际，研发了名称为"31 条"的 APP，将于今天正式发布。

该产品目前能够实现两岸资讯集合、权威信息发布和社区问答互动三大主体功能，能够集中展示目前大陆包括 25 个省区市在内的 72 个地方落实"31 条"的实施细则、最新资讯并解答网友的提问。"31 条"APP 是首款提供两岸资讯服务的权威移动应用平台，将在互联网各大应用市场陆续上架，内容和服务功能也将不断完善。欢迎两岸同胞特别是台湾同胞下载使用，并提出改进意见和建议。

福建海峡卫视记者：明天是二二八纪念日，岛内"台独"势力近日又在炒作二二八的议题，请问发言人对此有何评论？

安峰山：明天是二二八事件72周年纪念日。我们也注意到，每逢这个时候，岛内一些绿营政客和"台独"势力就会蠢蠢欲动，别有用心地歪曲历史事实，挑动族群对立，分化台湾社会，恶化两岸关系，他们这样做只是为了自己那点选举利益和"台独"分裂图谋，与台湾同胞的根本利益背道而驰。

福建东南卫视记者：据了解，福建省高级人民法院近日公布了《关于进一步发挥司法职能　促进两岸经济文化交流合作的若干措施》，请发言人介绍一下相关情况。

安峰山：2月22日，福建省高级人民法院发布了《关于进一步发挥司法职能　促进两岸经济文化交流合作的若干措施》（以下简称《措施》）。该《措施》围绕保障率先同台湾同胞分享大陆发展机遇，从全面发挥台胞权益保护职能、切实维护台胞平等诉讼权利、积极完善台胞诉讼服务机制和支持台胞有序参与司法等四个方面制定了 59 条措施，基本涵盖了涉台司法工作的各领域、各方面。

该《措施》是福建法院在全面总结以往涉台司法工作的有益经验基础上，积极回应台胞的司法诉求，切实维护台胞合法权益的重要举措，将为广大台胞来闽投资创业和学习生活提供更加充分有利的司法保障。

《人民政协报·两岸经合周刊》记者：世界互联网大会日前在西班牙举行，台当局一开始因报名网站以"台湾：中国一省"称呼而拒绝出席，后来提出抗议遭驳回。有"亲绿"台媒称，世界移动通信大会是全球最重要的通信产业盛会之一，台代表历年均以"台湾"名称报名参会，今年是首次遭到"矮化"。请问发言人对此如何评价？

安峰山：世界上只有一个中国，台湾是中国的一部分，这是国际社会公认的事实。坚持一个中国原则，是国际社会的普遍共识，也是人心所向，大势所趋。

中央广播电视总台央视《海峡两岸》记者：25 日又有两艘美舰被曝穿越台湾海峡，有外媒称这是显示对台湾的支持，请问您做何回应？

安峰山：外交部已经就这个问题表明了我们的严正立场。台湾问题事关我们国家的核心利益，我们坚决反对任何外来干涉。我们有坚定的意志、充分的信心和足够的能力，维护国家的主权和领土完整。

台湾《旺报》记者：日前，大陆在审议外商投资法草案的时候，海协会张志军会长提到要将台资视为"特殊内资"，请问目前有没有更具体的进一步想法或者法规的配套措施？

安峰山：台胞来大陆的投资是适用《中华人民共和国台湾同胞投资保护法》及其实施细则。改革开放以来，大陆始终是广大台胞的投资热土，台胞台企在实现自身发展壮大的同时，也为大陆的经济社会发展做出了重要贡献。在当前深化改革、扩大开放，实现高质量发展的过程中，我们继续欢迎、鼓励和保护台湾同胞来大陆投资，分享大陆的发展机遇，实现更大更好的发展。

深圳卫视记者：据台湾媒体报道，台湾空军 F－16V 战斗机提升案，美方预定在 3 月底前交付首批 4 架，请问发言人对此有何评论？

安峰山：台湾问题事关中国国家主权和领土完整，我们坚决反对美售台武器，这一立场是一贯的、明确的。

台湾三立电视台记者：有很多蓝营执政县市都希望

到大陆交流，未来如果有绿营执政的县市抛开政治包袱，释出善意，大陆是否也会有同等的善意回应？

安峰山：我们一直强调说，只要对两岸关系和两岸城市交流的性质有正确认知，我们欢迎更多的台湾县市参与到两岸的城市交流中来，共同增进两岸同胞的利益福祉。

《人民日报》记者：蔡英文日前称，2018 年台湾对大陆出口农产品创新纪录，是民进党当局和民间一起打拼的结果。请问对此有何评论？

安峰山：大陆方面一直心系包括台湾农渔民在内的广大台胞的利益和福祉，一直积极地为台湾同胞办实事、做好事、解难事。在共同分享大陆的发展机遇方面，台湾的农渔民不应该缺席，应该有更多的获得感。面临民进党当局设置的重重阻碍，我们尽了最大的努力，积极采取措施，为台湾的农渔民排忧解难，协助他们拓展大陆市场。在岛内农产品滞销的时候，对提出需求的县市及时伸出援手，帮助台湾的农渔民渡过难关，使他们获得实实在在的好处。去年两岸同胞共同努力克服民进党当局制造的困难，取得成果，这是"两岸一家亲"的具体写照。

谁在为两岸同胞做好事，谁在坏两岸同胞的好事，广大台湾同胞心里自有一杆秤。岛内民众在问，民进党当局有没有做过增进两岸同胞福祉和亲情的好事？答案很清楚。我们希望两岸同胞能够继续共同努力，排除障碍，为增进台湾同胞的利益福祉来创造更好的条件。

台湾中天电视台记者：台湾有一款叫"还愿"的游戏，最近被大陆禁止了，请发言人介绍一下具体情况。

安峰山：您提到的这个电子游戏我不了解。大陆方面依法依规对互联网和电子产品进行管理，这是很正常的事情。

人民日报海外网记者：台"行政院院长"苏贞昌近日扬言，拿一只扫把都要跟大陆拼，而防务部门负责人严德发也声称，这是要"宣示防卫作战决心"。请问发言人对此有何评论？第二个问题，台有关部门公布1月统计数据，陆资赴台投资额315万美元，较去年同期锐减，而陆资、侨外资、"新南向"专项投资指标均有下滑，请问发言人对此有何评论？

安峰山：您的第一个问题，台湾地区的一些"头面人物"近期频繁地发表充满敌意的挑衅言论，不断煽动两岸敌意，升高两岸对抗，恶化两岸关系，为了捞取一点可怜的选举私利，不惜把台海和平和台湾同胞的福祉推到危险的边缘。正如岛内舆论批评的那样，他们的所作所为犹如"盲人骑瞎马，夜半临深池"。这也进一步证明了民进党当局是两岸冲突的制造者，台海和平稳定的破坏者和台湾人民利益的损害者。

我们愿意以最大的诚意、尽最大的努力，争取两岸和平统一前景。同时我们也有坚定的意志、充分的信心和足够的能力，挫败任何形式的"台独"分裂图谋和行径，捍卫国家主权和领土完整。

您的第二个问题，在今年元旦过后的第一次发布会上，已经就2018年两岸人员往来、经贸交流、双向投资等等议题做了总结性的发布。扩大和深化两岸各领域交流合作，是我们一贯的政策主张，因为这符合两岸同胞的共同愿望，符合台湾同胞的根本利益。实际上，多年来，我们一直在努力推动这方面的工作，特别是去年，我们出台"31条惠及台湾同胞措施"，推出台湾居民居住证，取消台湾居民就业许可、实现向金门供水等等一系列措施，目的就是增进两岸同胞的交流合作，增进台湾同胞的利益福祉。而反观民进党当局，却一直在做阻挠和干扰两岸交流合作的事情。尽管面临这些重重阻挠，在两岸同胞的共同努力下，去年两岸的人员往来、经贸往来和各领域的交流合作仍然是实现了历史新高。我想，之所以取得这样的成绩，是因为这是两岸同胞的共同愿望，符合两岸同胞的共同利益。

中国台湾网记者：近日，台当局决定推动修改相关规定，延长退休高官赴大陆管制期，请问发言人对此有何评价？

安峰山：刚才我在回答前一个问题时也讲到了，我们在积极推动两岸各领域交流合作，在增进台湾同胞的利益福祉，而民进党当局却在千方百计地设置各种障碍，阻挠两岸交流合作，在坏台湾同胞的好事。我想，到底谁在做对台湾老百姓有利的事情，台湾老百姓心里面都非常清楚。

环球网记者：台湾辅仁大学日前发了一封教职信，信上说有学生向国台办反映，校内有老师在课堂灌输宣扬个人意识形态，这封教职信还说，大陆因此要求校方缩减招收大陆学生的名额。对这件事，民进党当局回应扬言称，"院校与大陆交流时，不应自我矮化"，请问发言人对此有何评论？

安峰山：台湾方面有责任为大陆赴台就读的学生提供一个正常的学习环境，保障他们在台期间的基本权利不受任何干扰和损害，否则的话，只会损害两岸教育领域的交流合作。

今天的发布会到此结束，谢谢大家。

[发布时间] 2019 年 3 月 27 日
[发 布 人] 安峰山
[发布地点] 国务院台湾事务办公室新闻发布厅

国务院台湾事务办公室
新闻发布会

2019 年 3 月 27 日

3 月 27 日上午 10 时，国台办在新闻发布厅举行例行新闻发布会。发言人安峰山就近期两岸热点问题回答了记者提问。

安峰山：各位媒体记者朋友，大家上午好，欢迎大家出席国台办例行新闻发布会，下面我愿意回答大家的提问。

新华社记者：高雄市市长韩国瑜近日率团赴港澳以及深圳、厦门参访，请问目前已经取得了哪些成果？对于今后两岸开展交流合作有哪些意义？

安峰山：高雄市长韩国瑜此行是两岸及港澳媒体近期关注的热点。高雄市长韩国瑜 3 月 22 日至 28 日率高雄市访问团到香港、澳门、深圳、厦门等地参访，开展城市交流合作，不仅在经贸、旅游、文教等多方面取得阶段性丰硕成果，而且就搭建城市交流机制化平台，建立长效交流机制初步达成共识，今后与高雄加强交流合作展现出广阔前景。

韩国瑜市长一行了解粤港澳大湾区建设，参观港珠澳大桥、深圳前海开发区、厦门海沧自动化码头、高科技企业和青年创业基地等，就城市建设和民生发展等进行广泛深入交流。特别是粤港澳大湾区建设是新时代推动形成全面开放新格局的新尝试，蕴含巨大发展机遇和无限商机，参与这一重大战略，将为今后深化交流合作提供非常广阔的空间。

韩国瑜市长一行在经贸采购方面，按照市场化运作机制签订了一大批农渔产品采购协议，其中在深圳、厦门期间签署金额达 4 亿元人民币，在香港达 5 亿多元人民币，在澳门达 1.6 亿元人民币。深圳协调摊位十分紧俏的海吉星农产品批发市场优先租给高雄摊位，销售高雄农产品。厦门邀请高雄组团参加每年举办的"海峡论坛""投洽会""旅博会""工博会""文博会"等经贸文化展会。

在文教交流方面，深圳将每年为高雄提供 200 个青年实习、就业岗位，深圳职业技术学院每年为高雄提供 20 个就读学生指标。厦门今年 11 月将在高雄举办第十二届海峡两岸福德文化节，举办闽南语合唱团走进高雄活动，两地将持续开展民间、民俗、宗亲、社区、青年交流交往活动，丰富两地民众的文化生活，增进了解和亲情。

在旅游合作方面，厦门将尽快推动"中远之星"客滚轮恢复厦门至高雄的航线；将尽快推动开通厦门至高雄的邮轮航班。深圳、厦门市将按市场化机制运作，鼓励旅行社组织游客前往高雄旅游，厦门近期将组织 8000 名游客分批赴高雄旅游。另外，厦门航空今年将再次赴台招聘 200 名空乘人员，其中 100 人定向到高雄招聘。

在建立机制方面，搭建深圳与高雄的城市交流机制化平台，全面加强两地经济、文化、教育、体育、科技等各领域的交流合作，双方同意适时共同举办论坛。搭建厦门与高雄港口城市交流机制化平台，聚焦港口城市合作、产业深度交流、会展旅游合作、城市管理创新等热点议题，商谈举办城市论坛，推动两市交流合作，造福两地民众。

取得这些成果，是"两岸一家亲"、亲望亲好、守望相助的具体体现，也是两岸融合发展、携手发展、共同发展的生动写照，充分说明在坚持"九二共识"的基础上，两岸城市交流合作前景广阔。两岸同胞是一家人，大陆经济社会的发展进步不断释放的巨大发展机遇和红利，我们愿意与更多的台湾同胞分享。我们欢迎并支持更多的两岸城市在"九二共识"的基础上加强交流合作，相互借鉴，携手发展，让台湾同胞有更多的获得感，不断增进两岸同胞的利益福祉。两岸关系好，台湾才会好。希望两岸同胞共同努力，坚持"九二共识"，反对"台独"分裂，克服人为干扰和阻碍，积极推动两岸关系和平发展，共创两岸融合发展的光明前景。

《人民日报》记者：我们注意到，最高人民法院刚刚发布了《关于为深化两岸融合发展提供司法服务的若干措施》，请发言人介绍有关情况。

安峰山：昨天，也就是 3 月 26 日，最高人民法院发布了《关于为深化两岸融合发展提供司法服务的若干措施》（以下简称《若干措施》）。这是贯彻落实习近平总书记在《告台湾同胞书》发表 40 周年纪念会上重要讲话精神的重大举措，是在司法领域推出的专业性、综合性、普惠性涉台政策措施，也是最高人民法院首次发布依法全面平等保护台湾同胞、台湾企业合法权益的系统性、规范性措施。

《若干措施》立足深化两岸融合发展，为台胞台企提供同等待遇，提出了四大方面、36条措施。一是要坚持公正高效司法，依法保障台胞台企各项实体权利和诉讼权利。二是要完善涉台案件的全流程便民利民措施，为台胞台企提供优质便捷的司法服务。三是逐步扩大台胞参与司法，为广大台胞投入国家法治建设创造更好条件。四是加强涉台审判执行组织机构建设，不断提高管理保障水平。有关具体情况，昨天最高人民法院已经召开了专题新闻发布会，做了详细介绍，大家也可以登录最高人民法院网站查询。

《若干措施》积极回应了台湾同胞的需求和关切，展现了司法机关为台湾同胞办实事、做好事、解难事的决心和诚意。在新时代全面依法治国深入推进的进程中，在各地各部门的共同努力下，广大台胞台企的合法权益将得到更有力的保护，司法获得感也会不断增强。

中央广播电视总台国广记者：习近平总书记在今年"两会"期间强调，要加强两岸交流合作，在对台工作中贯彻好以人民为中心的发展思想，继续研究推出惠台利民的措施。请问如何贯彻落实？再请发言人介绍一下各地各部门落实"31 条措施"近期有哪些新进展。

安峰山：今年"两会"期间，习近平总书记在 3 月
10 日参加福建代表团审议时对做好新时代对台工作做出
了重要指示，具有重要指导意义。习总书记强调，要探
索海峡两岸融合发展的新路。对台工作既要着眼大局大
势，又要注重落实落细。两岸要应通尽通，提升经贸合
作的畅通、基础设施的联通、资源能源的互通和行业标
准的共通，要把福建建成台胞台企登陆大陆的第一家园。
要加强两岸的交流合作，加大文化交流力度，要把工作
做到台胞的心里，提升和增进台湾同胞对民族、对国家
的认知和感情。要在对台工作中贯彻以人民为中心的发
展思想，要对台湾同胞一视同仁，像为大陆百姓服务那
样去造福台湾同胞。我们推出"31 条惠台措施"，取得
了显著成效，广大台湾同胞都是受益者。我们要把这些
措施落实到位，而且要听取台湾同胞的呼声，去研究还
可以推出哪些惠台利民的政策措施，凡是可以做到的，
都要尽力去做。李克强总理在两会答记者问的时候也指
出，要把"31 条措施"扎扎实实地落到位，而且在这个
过程当中，还应当有新的举措。

我们将全面贯彻习近平总书记的重要讲话精神，坚
持以人民为中心的发展思想，探索海峡两岸融合发展新

路，促进两岸共同发展，造福两岸同胞。

在落实落细"31 条措施"方面，各地区各部门一直在持续积极地推动。下面我再介绍几例情况。

在金融服务方面，福建省平潭综合实验区率先开展台湾地区的征信查询服务。截至 2018 年年底，已经累计办理台胞信用报告查询 194 笔，发放贷款金额达 4566 万元人民币。日前，平潭综合实验区首次为 16 名台商台胞颁发了"金融信用证书"，持证的台商台胞可以在当地金融机构办理贷款、担保、授信等多项金融业务，并享受一定的便利和优惠。

在文化合作交流方面，由两岸文化机构共同策划的"海上丝路——东方生活美学展"已被首尔中国文化中心选中，将赴韩国演出。两岸文化机构和艺术家将携手展示中华工艺美术的精粹，共同弘扬中华优秀文化。

在台湾同胞参评各类荣誉奖项方面，"三八"国际劳动妇女节前夕，福建、上海、广西、安徽、广州、南京等地共授予 10 余位台胞"三八红旗手"荣誉称号；3 月 12 日，关于将在大陆工作的台籍职工纳入当地劳模等荣誉称号评选范围事已经正式发布，有利于台湾同胞分享大陆发展机遇和在大陆享受同等待遇。

深圳卫视记者：日前一个在台湾注册介绍惠台"31

条措施"相关内容的网站被台湾当局封锁并注销了注册。请问发言人对此有何评论?

安峰山: 我们推出"31条惠及台胞措施"的初衷是为了回应台湾同胞的实际需求,解决他们在大陆学习、工作、生活、创业遇到的一些实际问题,与台湾同胞分享大陆的发展机遇,为他们提供同等待遇,为台湾同胞尤其是台湾青年在大陆的发展提供更多的机会和便利。"31条措施"实施以来,已经有不少台胞台企从中获得了实实在在的好处,因此也广受关注和欢迎。有不少台湾同胞反映,希望能够更多了解"31条措施"的具体内容和各地落实"31条措施"的实际情况,我们也希望能够扩大"31条措施"的受益面,让台湾同胞有更多了解,做更好选择,获得更大发展。

"关注31条"网站,就是在为台胞在大陆的发展提供资讯信息服务。相信浏览过这个网站的台湾同胞都很清楚,这就是一个"31条措施"具体内容和各地各部门落实"31条措施"实际情况的一个资讯聚合网站,实际上是为了方便台胞能够有"一站式"的了解,为台湾同胞提供便利。民进党当局以莫须有的罪名关闭了这个网站,难道说让台湾同胞知道和了解更多对他们有用和有利的资讯信息也成了民进党当局眼中的"罪过"吗?民进党当局的这些所作所为，真正原因是因为他们心里害怕，害怕两岸关系改善走好，害怕两岸同胞走近走亲，害怕台湾民众识破他们的底细，看穿他们为一党之私去故意制造敌意、对立和仇恨的真实用意。因此他们才想着用这种"蒙上眼睛""堵上耳朵"的方式切断台湾民众获取发展信息的渠道，封锁他们了解真实的大陆和两岸关系的途径，阻碍他们获得更好更大发展的机会。民进党当局的所作所为已经越来越走到了台湾民众利益的对立面，而且渐行渐远。

香港中评社记者：在海外旅行或居住的台胞很关心大陆有关机构是否能提供相关的领事保护和服务，可否请发言人说明一下。

安峰山：台湾同胞是我们的骨肉兄弟。我们一贯高度重视和维护海外台湾同胞的正当权益，在危难关头为他们排忧解难。多年来，我们积极开展海外台胞的领事保护和协助工作，包括在发生重大紧急事件或者个别国家局势动荡的时候，向台胞提供紧急保护和救助，协助处理台湾渔船跨海捕捞纠纷案件以及在其他国家涉台的民事纠纷案件和经济刑事案件，为在国外遭遇自然灾害或其他事故的台胞提供救助，为居住在海外的台胞提供办理旅行证件、文书资信认证、寻亲访友等服务。

今年"两会"期间,王毅国务委员在记者会上提出,我们正在积极构建海外中国平安体系,让大家的海外旅行更加安心和顺心。2019 年将继续推出护民、便民、惠民领事新举措。海外台湾同胞自然是我们提供领事保护和协助的对象。无论身处世界哪个角落,台湾同胞如果遭遇了紧急的情况,均可以通过以下四种途径来寻求领事保护和协助。

第一,可以第一时间拨打 12308 热线。在海外拨打"12308"热线的方式是＋86－10－12308,也可以拨打＋86－10－59913991 备用号码。如果是遇到了人身安全受到侵害这样的紧急情况,拨通号码之后可以直接拨 0 再按 9 直接进入人工服务。

第二,可以直接拨打驻外使领馆公布的领保电话和证件咨询电话。

第三,可以下载使用"外交部 12308"手机客户端。

第四,可以通过"领事直通车"微信公众号第一时间获得外交部和驻外使领馆提供的领事保护与协助信息。

台湾中天电视台记者：韩国瑜市长这次到大陆访问,可以说接待的规格相当高,请问今后其他县市长来到大陆,是否也会有同等待遇？

安峰山：刚才我讲了,我们对在坚持"九二共识"

基础上推动两岸城市交流持积极开放态度，希望不断加强两岸城市交流合作，欢迎更多台湾县市能够参与进来，共同增进两岸同胞的利益福祉。

香港凤凰卫视记者：两个问题，第一个问题，韩国瑜在港澳参访期间进入中联办，是台湾地区首位进入中联办的地方首长。蔡英文称，这是在制造"一国两制"的氛围。请问发言人如何回应？第二个问题，台北市市长柯文哲访美期间提出了"亲美友中"的论述，蔡英文称，不会有人反对，但重点是不能以"主权"为代价。请问有何评论？

安峰山：您的第一个问题，在韩市长访问期间，香港和澳门中联办主任分别与其会面，这既是正常的待客之道，也体现了大陆对韩市长到访的重视。民进党当局和一些"台独""港独"势力进行歪曲诬蔑，充分暴露了他们阻挠两岸和港澳开展交流合作，损害同胞利益福祉的图谋。

香港、澳门回归祖国以来，"一国两制"实践取得了举世公认的成功，这是任何人、任何势力都歪曲和抹杀不了的。

您的第二个问题，我们的原则立场非常明确，世界上只有一个中国，大陆和台湾同属一个中国。一个中国原则是国际社会的普遍共识。

中央广播电视总台央视《海峡两岸》记者：日前国务院公布了《国务院关于取消和下放一批行政许可事项的决定》，其中包括两项直接涉台的行政许可事项，请您介绍一下相关情况。

安峰山：日前国务院公布了《国务院关于取消和下放一批行政许可事项的决定》。其中，包括两项直接涉台的行政许可事项，一是取消对台劳务人员登轮作业证的核发审批；二是对境内举办的由港澳台地区机构参与主办的办展项目取消审批，改为备案管理。

取消上述两项涉台行政许可的审批，是深入贯彻落实习近平总书记在《告台湾同胞书》发表40周年纪念会上的重要讲话精神，深化"放管服"改革的重要举措，有助于简化对台劳务人员登轮作业的申请流程，进一步促进两岸渔船船员的劳务合作；有助于便捷港澳台地区机构来祖国大陆办展，进一步提升两岸经贸往来的便利化水平。

今后，我们还会继续秉持"两岸一家亲"的理念，为台湾同胞办实事、做好事、解难事，推进各项惠台措施落到实处。

福建厦门卫视记者：针对福建聘请台湾村里长担任

村委会或者居委会的执行主任，聘请台湾青年担任农村科技特派员，台陆委会称这涉嫌违反相关规定，正在调查。有舆论表示，民进党当局近期变本加厉地阻挠两岸的交流与合作，阻吓和限制了岛内一些希望到大陆来交流和发展的民众。请问发言人对此有何评论？

安峰山：民进党当局公开打压和恐吓到大陆工作的台湾同胞，这种做法已经屡见不鲜，上次发布会的时候，我曾经就台胞受聘担任厦门海沧区的社区主任助理受到民进党当局打压一事做过说明，现在又增添了新的例证。

据了解，福建漳州漳浦地区为了支持台籍科技人员创新创业，专门选聘了一批在当地投资兴业的台胞，在从事本业的同时开展农村科技服务，这是在为他们提供更大的发展机会。另外，福建平潭也聘请了一批台胞来担任当地村委会和居委会的执行主任，从事社区管理、产业发展、人文教育和医疗照护、志愿服务等工作。这些都是为台湾同胞在大陆的发展提供机会和便利的好事，而民进党当局却以所谓的"违法"指控来进行威胁和恐吓，这是不得人心的。

我想强调的是，两岸开放交流已经超过了30年，两岸的人员往来和经济、文化、社会联系已经达到了前所未有的水平，这为两岸关系和平发展奠定了深厚的基础，同时也增进了两岸同胞共同利益。我们顺应两岸同胞希望加强交流合作的共同心愿和台湾同胞期望获得更好发展机会的实际需求，不断推出惠及台湾同胞的各项政策措施，为台湾同胞分享大陆发展机遇，提供同等待遇，受到了广大台湾同胞的欢迎和肯定。而民进党当局却站在台湾同胞利益的对立面，出于一党之私，处处设置障碍，他们这样做是在损害台湾同胞获得美好生活的权利，是在阻碍台湾民众实现自身更大更好发展的机会。

台湾同胞是我们的骨肉天亲，不管遇到什么样的干扰和阻挠，我们两岸同胞之间的交流合作不能停、不能断、不能少。我们会继续加强和推动两岸民间各界交流合作，在进一步落实"31条措施"的基础上，会继续推出更多惠及台湾同胞的政策措施，努力让两岸同胞走得更近更亲，让两岸关系发展更实更好，不断增进两岸同胞的利益福祉。

福建海峡卫视记者：清明节快要到了，陕西省黄陵县将举行己亥年轩辕黄帝典礼，请发言人介绍相关情况。

安峰山："己亥年清明公祭轩辕黄帝典礼"将于4月5日在陕西省黄陵县桥山祭祀广场举行，台湾中华文化永续发展基金会董事长刘兆玄、新党主席郁慕明等300多名台湾各界同胞届时将出席公祭典礼。

福建东南卫视记者：据报道，春秋集团董事长日前赴高雄拜访韩国瑜市长，表示希望增加春秋航空来往高雄的航班，请问国台办对此持何态度？

安峰山：我们也注意到了相关报道。对于两岸航空业者提出的有利于增进两岸人员往来的建议和要求，我们都高度重视，会根据实际需要，会同有关部门予以积极研究。

《人民政协报·两岸经合周刊》记者：有台媒报道，亲民党主席宋楚瑜下月将参访大陆，请发言人予以证实并介绍相关情况。

安峰山：亲民党坚持一中，反对"台独"，我们与亲民党保持着联系沟通。

《台声》杂志记者："两会"审议通过《中华人民共和国外商投资法》，李克强总理表示，港澳台投资可以参照或者比照适用《中华人民共和国外商投资法》。请问发言人，未来港澳台投资的相关法律会不会随之做出相关调整？

安峰山：依法保护台湾同胞的投资权益，是我们一贯的政策。我们一直积极采取有效措施，为广大台湾同胞来大陆投资兴业营造良好的发展环境。台胞来大陆投资，首先是适用《中华人民共和国台湾同胞投资保护法》

及其实施细则；该法和实施细则没有规定的，可以参照适用《中华人民共和国外商投资法》等其他法律法规。另外，一些长期以来行之有效的制度安排和一些实际做法，也可以继续沿用。我们还会出台更多的惠台政策，营造更好的法治环境，让台胞台企获得同等待遇。

新华社记者： 日前全国台联与全国少工委参与主办在台北一所小学举行了两岸青少年交流活动，有台湾媒体声称"这是大陆的共青团'统战'渗入了台湾的小学"。陆委会声称，不希望两岸交流成为大陆的"统战工具"，并表示会密切关注后续的发展。请问发言人对此有何回应？

安峰山： 青少年是两岸的未来，我们高度重视两岸的青少年交流，而且采取积极的措施，不断推进两岸青少年的相互了解和感情融洽。对于这些有利于两岸交流合作的事情，民进党当局带着有色眼镜，对此横加指责和阻挠，去制造对立，这是不得人心的。

香港中评社记者： 台籍政协委员凌友诗在今年"两会"政协大会上做题为"坚持一个中国原则，丰富和平统一实践，热烈期待两岸统一到来"的演讲，引起两岸关注，而台湾当局却要对其进行处罚，并扬言取消其台湾户籍，请问发言人对此有何评论？

安峰山：凌友诗女士本人已经对民进党当局的打压做出了强力反驳。民进党当局这样的所作所为再次暴露了他们破坏两岸关系和平发展、抗拒祖国统一大势和谋求"台独"分裂的本质。

福建海峡卫视记者：韩国瑜此次到大陆访问受到了台湾当局批评和质疑，现在岛内不少蓝营县市长担心台当局可能不会再批准他们到大陆交流，请问发言人对此有何看法？

安峰山：刚才我讲过，我们对在坚持"九二共识"的基础上推动两岸城市交流，是持积极开放的态度，希望能够有更多的台湾县市加入进来，共同促进两岸同胞的利益福祉。民进党当局对于有利于增进两岸同胞利益福祉的事进行阻挠和限制，是不会得人心的。

环球网记者：我有两个问题。第一，日前台湾艺人欧阳娜娜被质疑支持"台独"，随后欧阳娜娜表态自己是中国人，坚定支持一个中国原则，却引来岛内一些绿营网友及媒体的言语攻击，请问发言人对此有何评价？第二个问题，现在正在南太平洋所谓"友邦"活动的蔡英文日前隔空喊话韩国瑜，要他告诉大陆"停止打压台湾的国际参与空间"，请问发言人对此有何评价？

安峰山：您的第一个问题，我们也看到，前几天欧阳娜娜刚刚接受了央视的专访，她在大陆的演艺活动正常进行。最近有不少大陆的媒体就此事发表了一些理性、客观的分析和评论，可以供大家参考。岛内有些政治人物借机去挑拨生事、制造对立，只能说明他们的心态很不健康。

您的第二个问题，我们看到，韩国瑜市长此次来交流遭到了民进党当局和一些"台独"势力无端指责，但同时我们也看到，更多的台湾社会舆论对这些指责进行了批判和抨击。民进党当局越是去阻挠和干扰两岸的城市交流合作，也就越暴露了他们出于一党之私、一己之私去损害台湾同胞利益福祉的本来面目。

一方是在努力做事，拼经济，另外一方却什么好事都不做，只会拖后腿，甚至开倒车。一方在努力为民众谋利益，另一方却站在民众利益的对立面，而且不断地破坏民众获得利益的机会。没有对比就没有伤害。民进党当局的这些做法等于主动地把自己送上来，让大家做鲜明的对照，照出他们内心的"小"字和"私"字。我想，他们这样做只会让越来越多的台湾民众擦亮自己的眼睛，认清他们的真实面目。

今天的发布会到此结束，谢谢大家。

[**发布时间**] 2019 年 4 月 10 日

[**发 布 人**] 马晓光

[**发布地点**] 国务院台湾事务办公室新闻发布厅

国务院台湾事务办公室
新闻发布会

2019 年 4 月 10 日

4 月 10 日上午 10 时，国台办在新闻发布厅举行例行新闻发布会。发言人马晓光就近期两岸热点问题回答了记者提问。

马晓光： 各位记者朋友们，大家上午好。欢迎大家参加国台办的发布会。下面，我愿意接受大家的提问。

海峡之声广播电台记者： 日前蔡英文再次提出所谓"坚持主权"的论调，还声称"全世界都会支持台湾抗拒大陆压力"。请问发言人对此有何评论？

马晓光： 世界上只有一个中国，台湾是中国的一部分，一个中国原则是国际关系的基本准则，是国际社会的普遍共识，更是人心所向，大势所趋。

两岸同胞是一家人，我们本着"两岸一家亲"、亲望亲好的理念，不断为台湾同胞做实事、办好事、解难事，团结两岸同胞反对"台独"，推动两岸关系和平发展，增进同胞的亲情福祉，为的是维护两岸同胞的共同利益。与之相反，民进党当局和"台独"势力违逆两岸同胞的共同愿望和根本利益，不断制造隔阂和对立，阻挠台湾同胞寻求更大更好的发展机会，这才是破坏两岸关系和台海和平稳定。

一段时间以来，他们接连发表充斥"两国论"的言论，升高挑衅，制造事端，对外挟洋自重，对内恐吓台湾人民，遭到了两岸同胞的一致反对。如果他们感受到了压力，这些压力来自两岸同胞反对"台独"分裂，维护共同利益。在面对由于他们自己倒行逆施而引发的压力时，他们注定是孤家寡人。

深圳卫视记者：据报道，3月31日有两架解放军战机飞越了所谓"台湾海峡中线"，台湾当局反应强烈，称此举"破坏了两岸现状"，请问发言人对此有何评论？

马晓光：据了解，这是解放军年度训练计划内的正常安排。

世界上只有一个中国，大陆和台湾同属一个中国，中国的主权和领土完整从未分割，也不容许分割。维护国家主权和领土完整是中国人民解放军的神圣职责，是两岸同胞的根本利益所在。反对"台独"是两岸同胞的共同责任。

《人民日报（海外版）》记者：据报道，台当局拟修订"香港澳门关系条例"，限缩台县市长、政务人员赴港澳交流，绿营政客近期对赴大陆参访的县市长进行攻击，甚至称"人如果只求温饱，和'猪狗禽兽'有什么区别"。请问发言人对此有何评论？

马晓光：多年来，两岸城市交流日益密切，给台湾同胞带来了实实在在的利益和更多更好的发展机遇。

台湾同胞有追求美好生活的权利。台湾同胞希望加强两岸交流合作、发展经济、改善民生，期盼更好的生活、更大的发展，这是他们的利益所在。台湾县市长来大陆，就是顺应民众的需求，为台湾乡亲的劳动成果寻找出路。

我们秉持"两岸一家亲"理念，积极推动两岸城市交流，努力扩大台湾同胞的受益面和获得感。在两岸城市交流中，使台湾民众的劳动成果、智慧和汗水，通过两岸同胞感情的纽带转化为扎扎实实的收获和更加美好的生活。

与之形成鲜明对比的是，民进党当局出于一党一己之私，以各种手段干扰限制两岸交流合作，大肆进行政治操作，损害台湾同胞的利益。对于台湾民众追求美好生活不仅横加阻挠，而且口出恶言，甚至比作"禽兽"，充分说明他们眼里根本没有民生疾苦，心中完全没有百姓福祉，暴露了他们践踏人民利益的一贯立场，最终只会被人民所唾弃。

福建厦门卫视记者：台内政部门对在厦门担任社区主任助理的两名台湾居民进行罚款之后，日前更是要求另外一批与大陆企业签订了劳动合同的社区助理说明情况，这引起了更多在大陆工作台胞的忧虑。请问发言人对此有何评论？

马晓光：欲加之罪，何患无辞？关于这个问题，我们此前在发布会上已经多次表明了态度。我想再次重申，以所谓的"违法"指控、威胁、恐吓台湾青年，剥夺他们获得称心工作、寻求更好发展、实现自身价值的权利，就是在断送台湾青年就业和发展的机遇。与青年人为敌，决不会有好下场。

中央广播电视总台国广记者：台陆委会日前称，台湾青年在大陆创业成功率低，赴大陆创业须有风险意识。

请问发言人对此有何评论？

马晓光：一直以来，我们顺应两岸同胞加强交流合作的共同愿望和台湾同胞期待更多发展机遇的实际需求，不断推出惠及台湾同胞的政策措施，为台湾同胞提供更多更好的发展机遇。

青年是民族的希望和未来。我们高度重视台湾青年的诉求，不断为台湾青年来大陆学习、就业、创业提供更好的条件，创造更大的空间。2015 年以来，我们在 20 个省市授牌设立了 76 个海峡两岸青年就业创业基地和示范点，共入驻或服务台企及团队约 2000 个，累计超过 1 万名台湾青年在基地和示范点实习、就业、创业，超过 7 万人次台湾青年参与基地和示范点举办的各类交流活动。2018 年，台生报考大陆高校的人数、台青来大陆就业实习的人数以及由大陆就业创业机构提供服务的新增台企的数量均保持两位数的增长。越来越多的台胞台企，特别是台生台青选择来大陆发展，实现人生理想。事实上，许多台湾青年在大陆的创业项目发展势头都非常好，比如江苏慧幸智能科技、上海纸箱王、苏州杯面、北京桃桃喜，还有荣获江苏紫峰奖青年创业企业奖的昆山玛冀电子有限公司，这些都是台湾青年创业梦想的结晶。

我在这里要问民进党当局的是，为什么台湾青年在你们上台后日益陷入苦闷彷徨，感到没有希望？如果民进党当局继续践踏人民的福祉，那么无论是打压阻挠台湾同胞，还是造谣抹黑大陆，都挡不住越来越多的台湾青年来大陆发展的脚步。

中央广播电视总台央视记者：最近第三届海峡两岸学生棒球联赛分站赛在北京举行，前两届受到了两岸学生的热情欢迎，请发言人介绍一下这届的情况。

马晓光：4月3日至9日，第三届海峡两岸学生棒球联赛分站赛在北京举行。今年参赛的队伍由第一届的10支增加到24支，除了大学甲、乙组外，女子棒球也首次列入。经过3天34场的比赛，分别决出了甲、乙和女子组大陆和台湾高校的分站赛冠军。

海峡两岸学生棒球联赛举办3年来，受到了两岸青少年的关注和喜爱。通过比赛和交流，两岸球员增进了解和友谊，乐于成为团结友爱、携手奋进的好朋友、好伙伴。日前，国台办刘结一主任会见了两岸球员代表，给予他们鼓励，欢迎台湾青年将大陆作为青春梦想开始的地方，两岸青年来共同追梦、筑梦和圆梦。我们祝愿这个活动越办越好，也希望广大媒体朋友继续关注这项赛事。

新华社记者：台行政机构日前通过"两岸人民关系

条例修正草案"，规定两岸协商政治议题协议需经"双审议"及"公投"，程序复杂，门槛极高，请问发言人对此有何评论？

马晓光：在中华民族伟大复兴展现光明前景的今天，两岸同胞之间的交流合作越来越广泛，往来越来越密切，携手实现民族复兴的力量也越来越强劲。在民族复兴的进程中，广大台湾同胞当然不能缺席，我们愿意率先同台湾同胞分享大陆发展的机遇，愿意出台更多的优惠政策，让台湾同胞在大陆投资兴业、就业就学、生活居住，都能享受到和大陆同胞同等待遇，像为大陆百姓服务那样来造福台湾同胞。与之相反，民进党当局为了一党一己之私，违背两岸同胞求和平求发展共同心愿，蓄意破坏两岸关系和平发展进程，损害人民切身利益。但是他们的所作所为，阻挡不了两岸关系向前发展的历史潮流。

中新社记者：上海证交所科创板近日正式启动，首批受理在科创板上市的9家企业中有1家台资企业，未来不排除有更多台湾高科技公司在科创板上市，请问发言人对此有何评论？

马晓光：两岸同胞之间没有理由不融合发展、携手发展、共享发展。加强两岸经济合作，互惠互利，符合两岸同胞的共同利益。我们始终支持台资企业在大陆上市，希望台资企业通过在大陆上市，更好地分享大陆发展机遇。台资企业在科创板上市没有任何政策障碍，享受与大陆企业同等待遇。截至目前，已经有超过 30 家台资企业在大陆 A 股上市融资。2016 年以来，共计有 10 家台资企业在大陆 A 股上市，募集资金约 350 亿元人民币。这些台资企业在大陆上市，既融到了公司发展壮大所需的资金，又具有明显的品牌形象加分效果，已经有越来越多台资企业选择在大陆上市。

台湾东森电视台记者：台湾知名法学教授邵子平，因领取大陆身份证被台当局注销户籍。请问发言人有什么看法？

马晓光：我们注意到了有关报道。近年来，两岸同胞之间的交流往来日益密切，民进党当局不仅抱残守缺，而且变本加厉，为此不断设置障碍，他们在涉及两岸同胞的利益时不断挖壕、筑墙、断路，严重伤害台湾民众的利益。

台湾《旺报》记者：赖清德在接受网络直播专访时提到，民进党主张的"台独"才是捍卫台湾"主权"。请问发言人对此有何评价？第二个问题，最近有日本媒体连载"李登辉秘录"，提到在 20 世纪 90 年代两岸有"神秘电话""秘密沟通管道"。请问发言人对这些往事有何评价？

马晓光：第一个问题，赖清德这番话完全是颠倒黑白。我们已经多次就他顽固坚持"台独"立场，公然发表"台独"言论进行过驳斥。如果他继续以一己之私，玩"台独"之火，是十分危险的。

我要再次强调，大陆和台湾同属一个中国，台湾是中国领土不可分割的一部分，永远不可能从祖国分裂出去，搞"台独"分裂只会给台湾同胞带来灾难。

第二个问题，你说的这些情况我不了解。关于两岸之间的接触、联系和沟通谈判，我们的立场是一贯的，也是明确的，应该在坚持"九二共识"、反对"台独"的共同政治基础上来进行。

台湾《联合报》记者：大陆军机飞越"海峡中线"的问题，刚才发言人说是年度计划正常安排，未来还会再有吗？蔡英文说要"第一时间驱离"，会不会担心有"擦枪走火"的状况？第二个问题，香港占中案有9个人获罪，陆委会昨天表达遗憾，并呼吁民众"要警惕'一国两制'的本质"，请问对此有何评论。

马晓光：第一个问题，我刚才已经做了回答，这是解放军年度训练计划内的正常安排。至于民进党当局领导人口出狂言，只能说明她色厉内荏，我们也正告她，不要玩火，想都不要想。

第二个问题，香港是法治社会，法律面前人人平等，扰乱社会治安和妨碍公共利益，理应受到法律的处罚。反观台湾，贪污犯逍遥法外，打砸抢者"造反有理"，所以台陆委会实在没有资格在这里说三道四，信口雌黄。

福建东南卫视记者："美在台协会"于4月3日首度证实，"AIT"现址从2005年起就有包括美军陆战队在内的现役军人驻守，新馆维安将比照现址，请问发言人对此有何回应？

马晓光：外交部已经向美方表明了我们的严正立场。我要再次强调，我们坚决反对美方与台湾地区进行任何形式的官方往来和军事联系，美方应该信守承诺，纠正错误做法，切实按照一个中国原则和中美三个联合公报规定，慎重妥善处理涉台问题，以免损害中美关系和台海和平稳定。

福建海峡卫视记者：台湾新普科技公司董事长宋福祥近日接受采访时称，"从不在大陆做生意，因为赚不到钱"。有网友指出该公司在大陆多地设有工厂和子公司，并称其为"两面人"。请问发言人对此有何评论？

马晓光：我们注意到了有关报道。据了解，新普科技公司自2001年以来在江苏、上海、重庆等地都有投资。我们已经多次重申，欢迎广大台商来大陆投资兴业，但绝不允许任何人一边在大陆赚钱，一边破坏两岸关系。

《北京日报》记者：世卫组织发言人日前在回复台湾媒体的函件中表示，如果没有两岸达成谅解，今年世卫大会还是不会给台湾发邀请函。请问发言人对此有何评论？

马晓光：台湾地区参与国际组织活动必须在一个中国原则下，通过两岸协商来做出妥善安排。民进党当局拒不承认"九二共识"，破坏了两岸关系的政治基础，所以台湾地区参加世卫大会的前提和基础不复存在，有关安排自然也难以为继。

中国台湾网记者：高雄市长韩国瑜参加市议会备询时表示，阿里巴巴集团创办人马云已经来函表达了要到台高雄访问的意愿，届时还将与高雄的青年朋友面对面座谈。请问发言人对此有何评论？

马晓光：刚才我已经讲过，青年是民族的希望和未来。我们一直努力为两岸青年的交流、为台湾青年的发展和成长提供更好的机遇、更广阔的平台和更大的空间。在中华民族伟大复兴的征程中，台湾青年不应该缺席。我们希望，两岸青年朋友能够获得更好的发展机遇，能够加强往来，实现梦想，共创辉煌。

香港中评社记者： 8 号在北京召开了关于非洲猪瘟的专家会议，但是没有邀请台湾方面的代表出席，台湾"农委会"负责人说这是因为大陆的干扰，请问国台办对此有什么回应？

马晓光： 据了解，这次防控工作组会议是世界动物卫生组织在北京举办的。

一段时间以来，民进党当局不断借非洲猪瘟疫情防控来做政治文章，目的就是要进一步破坏两岸关系。大陆方面一直按照"及时、公开、透明"的原则公布有关情况，与世界动物卫生组织保持密切合作和畅通的信息渠道，台湾方面想要了解有关情况，完全可以获得完整的信息。

《团结报》记者： 今年清明期间，两岸多地举行了祭拜轩辕黄帝的活动，其中很多祭拜活动都有两岸人士共同参与，能否请发言人谈谈两岸各界人士共同祭拜黄帝的意义。

马晓光： 黄帝是中华民族的人文初祖，两岸同胞共同祭拜我们的祖先，体现了对中华民族始祖的共同追念，体现了对中华精神和中华根脉的坚守。我们希望两岸同胞共同弘扬中华文化，凝聚中华精神，增强心灵契合，为推动两岸关系和平发展和中华民族伟大复兴而共同努力。

环球网记者：岛内有"台独"分子称，有大陆网军想要收购一些台湾的社交媒体粉丝专页进行宣传。请问发言人是否注意到这样的信息，对此有何回应？

马晓光：最近在岛内流传的这些相关信息，显然都是自导自演的假新闻。有人炮制这类假新闻，完全是为升高两岸对抗而寻找借口，愚弄不了广大台湾民众。如此拙劣的造假、售假、贩假事件，显然低估了两岸民众特别是台湾民众的判断力。

人民日报海外网记者：有台媒报道，蔡英文母校伦敦政经学院对学校内地图艺术品错误标注中国大陆和台湾的问题进行修正，把台湾标注为中国一部分，台外事部门致函抗议，蔡英文更扬言"我们不会从地球消失"。请问发言人对此有何评论？

马晓光：刚才我已经讲过，一个中国原则是国际关系的基本准则，是国际社会的普遍共识，所以都应该按照一个中国原则来处理涉台事务。

今天的发布会到此结束，感谢大家的光临。

［发布时间］2019 年 4 月 24 日
［发 布 人］马晓光
［发布地点］国务院台湾事务办公室新闻发布厅

国务院台湾事务办公室
新闻发布会

2019 年 4 月 24 日

4 月 24 日上午 10 时，国台办在新闻发布厅举行例行新闻发布会。发言人马晓光就近期两岸热点问题回答了记者提问。

马晓光：各位媒体朋友们，大家上午好！今天的发布会现在开始，请大家提问。

福建厦门卫视记者：请问今年海峡论坛将在何时举办？目前的筹备情况怎么样？

马晓光：第十一届海峡论坛将于 6 月 15 日开始在福建省举办，集中活动为期一周。本届论坛以"扩大民间交流、深化融合发展”为主题，继续重点关注并服务基层民众和青年群体，安排了大会活动以及 4 大版块共 33 项活动。其中青年交流版块，为台湾青年来大陆追梦、筑梦、圆梦提供更多机会、更大舞台。基层交流版块，加深两岸同胞之间的互信和情感认同。文化交流版块，推动中华文化创造性转化、创新性发展。经贸交流版块，扩大两岸交流合作的行业和领域，共享发展机遇。目前各项筹备工作进展顺利。

海峡论坛已经走过 10 个年头，主办单位由最初的两岸 54 家增加到今年的 82 家，参与论坛活动的台湾同胞已达十几万人次。事实说明，继续办好海峡论坛符合两岸同胞期望多交流，走亲走近的共同愿望。

2018 年，海峡论坛首次开放网络报名，目的在于为更多想了解大陆、了解海峡论坛的台湾同胞提供亲身体验的机会。当时台湾同胞报名参与论坛活动十分踊跃，参与活动后反响也十分积极。今年的网络报名日前已经在论坛官方网站开放，为满足广大台湾同胞需求，名额增加到 500 名，报名时间为 4 月 15 日至 5 月 10 日。欢迎广大台湾同胞积极参与本届论坛，也欢迎两岸媒体朋友采访报道。

福建东南卫视记者：宜兰县长林姿妙近日率团访问

江苏、上海，请发言人介绍一下近期台县市来大陆交流的情况。

马晓光：4月18日至20日，宜兰县长林姿妙、台东县长饶庆铃及花莲县的代表率团到上海参访交流，举办旅游和农特产品推介活动并与当地有关方面洽谈合作。此前，4月16日至18日，林姿妙县长还率团到江苏参访并举办有关推介活动。上述3个县市与江苏、上海有关方面就旅游、农业合作、农产品采购等达成了10余项合作成果，为两地机制化交流合作搭建桥梁。另据了解，这几天南投县县长林明溱正率团在江苏南京参访交流。其他一些台湾县市也在洽商适当时机来访交流。

两岸同胞是血脉相连、亲望亲好的一家人。台湾同胞希望加强两岸交流合作、发展经济、改善民生，期盼更好的生活、更大的发展，这是他们的利益所在。台湾县市长来大陆，就是顺应了民众需求。我们愿意在坚持"九二共识"的基础上，继续与台湾县市开展各领域交流合作，增进台湾同胞的福祉。

新华社记者：蔡英文日前在接受采访时宣称，不接受"九二共识"，坚持所谓"主权独立"，并称其"维持现状"就是维持所谓"独立自主"的现状。请问发言人对此有何评论？

马晓光：民进党当局领导人的这番言论是不打自招，暴露其蓄意推翻"九二共识"共同政治基础、破坏两岸关系和平发展的政治图谋，充分说明民进党当局才是两岸冲突的制造者，台海和平稳定的破坏者，台湾人民利益的加害者。

世界上只有一个中国，台湾和大陆同属一个中国，中国的主权和领土完整从未分割，也不容分割。这才是两岸关系的现状，是国际社会普遍承认的客观事实。

中央广播电视总台国广记者：韩国瑜日前在美访问期间表示，"台湾'国防'靠美国，科技靠日本，市场靠大陆"。请问发言人对此有何评论？

马晓光：坚持"九二共识"是两岸关系改善与发展的共同政治基础，"台独"分裂势力及其活动是两岸关系和平稳定的最大现实威胁。在坚持"九二共识"、反对"台独"的基础上推动两岸关系和平发展，符合广大台湾同胞的根本利益。

两岸同胞是一家人，两岸的事是两岸同胞的家里事，应该由家里人商量着办。希望包括台湾同胞在内的全体中华儿女顺应历史大势，共担民族大义，把民族命运牢牢掌握在自己手中，共创中华民族伟大复兴的美好未来。

福建海峡卫视记者：日前亲民党主席宋楚瑜率团访

问香港澳门进入两地中联办，分别与两地中联办主任会面。台陆委会声称，大陆安排此行意在"统战"，消灭所谓的"台湾主权"。请问发言人有何评论？

马晓光：亲民党主席宋楚瑜先生率团赴香港、澳门参访，香港和澳门中联办的负责人分别与其会面，这是正常的交流。

民进党当局进行歪曲诬蔑，充分暴露其阻挠两岸及港澳交流合作、损害同胞利益福祉的图谋。

香港中评社记者：台湾苹果新闻网日前报道，台资企业旺旺集团在大陆领取了高额的政府补助金，试图"抹红、抹黑"该企业，旺旺集团已经发表声明予以驳斥。请问发言人对此有何评论？

马晓光：发布这个消息的媒体，其特定的政治立场大家都十分清楚。在这个时候，它发表这个消息的动机，大家也都看得很清楚。我们也注意到，旺旺集团已经公开发表声明予以澄清，反驳不实之词。在这里，我要指出的是，多年来，我们鼓励和支持台资企业在大陆投资兴业，并采取积极措施为他们提供各种便利，提供同等待遇，分享大陆发展的机遇，帮助他们在大陆实现更大更好的发展。我们的政策是普惠的，依法依规，对所有台湾企业都一视同仁。

深圳卫视记者：美国国务院近期批准了一项费用为5亿美元的对台军售案。请问发言人对此有何评论？

马晓光：外交部已就此表明我们的严正立场。我要再次强调，台湾问题事关中国国家主权和领土完整。我们坚决反对美售台武器，坚决反对美国与台湾地区进行任何形式的军事联系，这一立场是一贯的、明确的。

海峡之声广播电台记者："美在台协会"负责人日前在台称，大陆加强散布所谓"假消息"，对台湾施加影响力，包括影响"大选"，美方将会持续与台湾进行安全咨商，来帮助台湾发展有效吓阻力。请问发言人对此有何评论？

马晓光：我们已经多次强调指出，我们历来不介入台湾地区选举。民进党当局惯于散布诬蔑之词、造谣抹黑大陆。现在美方有人照搬民进党当局毫无根据的说法，是不负责任的。台湾问题是中国内政，不容任何外来干涉。

中国台湾网记者：受邀访台的大陆旅美学者李毅日前遭台当局驱离出境，蔡英文称，"大陆来台人士若涉及宣扬'一国两制'、'武力统一'等，应采取管制措施，必要的时候拒绝入境"。请问发言人对此有何回应？

马晓光：我不了解李毅先生参加这个活动的来龙去

脉。在这里我要强调的是，我们主张"和平统一、一国两制"。一段时间以来，民进党当局不断阻挠、限缩两岸同胞交流和往来，压制呼吁两岸统一的声音，升高两岸对立，暴露了其牟取一党之私和谋求"台独"的真实面目。

中新社记者： 据报道，日前又有一批台湾村里长与大陆签署结对交流协议。台陆委会称，将由主管机关查处。台内政部门近日发布视频，威胁村里长赴大陆签订协议可被罚50万元新台币。请问发言人对此有何评论？

马晓光： 两岸基层开展交流交往，增进了解，彼此互鉴，这是对两岸同胞都有利的好事。民进党当局无视基层民众的愿望需求，一再阻挠限制两岸民间交流合作，今天禁这个，明天罚那个，用心险恶，不得人心，当然也不会得逞。

中央广播电视总台央广记者： 21日，中国（福建）自由贸易试验区福州片区迎来挂牌4周年。四年来，福州自贸片区对台货物贸易稳步增长，对台服务贸易扩大开放，两岸交流及创业基地集聚发展。请问发言人对此有何评价？

马晓光： 福建自贸区因台而设，承担着加强两岸经济合作的重要使命。福州片区自2015年4月21日挂牌以来，在促进对台货物贸易、服务贸易、两岸先进制造业合作、对台金融合作、两岸人员往来以及台湾青创基地的聚集发展方面，都取得了显著成效。有关负责人日前接受新华社采访，已经做了具体介绍。

这里我要讲的是，多年来，福建自贸区不仅在扩大开放，深化改革方面勇于探索，而且在落实台胞台企同等待遇方面做出了成绩，对于在自贸区战略框架下探索两岸融合发展的新路径，具有启示意义。

香港大公文汇传媒集团全媒体记者：在台立法机构审查"两岸人民关系条例"修正"草案"之前，台陆委会主委陈明通在接受绿媒采访时称，"两岸间有许多可能性，如像欧盟、国协或建交"，但随后再次受访时又改口称"民进党当局没有讨论这件事，也不是当局的政策"。请问发言人如何评论陈明通的言论？

马晓光：原则上我们不评论以个人身份发表的言论。但是大家知道，两岸同属一个中国，不是国与国的关系。我想，他应该好好看一看台湾方面的有关规定，不要散布具有"两国论"意涵的言论。

《人民政协报·两岸经合周刊》记者：据台媒报道，日前台陆委会研拟下半年发布行政命令，规范领取大陆居住证的台湾民众须主动申报，否则就要开罚。请问发言人对此有何评论？

马晓光：我们向台湾同胞颁发居住证，是为了满足台湾同胞的需求，解决他们在大陆生活、学习、工作更加便利的问题，这是一件惠台利民的好事，也得到了广大台湾同胞的欢迎。民进党当局不愿意两岸同胞走近走亲走好，出于一党之私，今天限制这个，明天处罚那个，处处与台湾同胞的利益作对，处处破坏台湾同胞的好事，这样的做法不得人心，其图谋也不能得逞。

香港中评社记者：蔡英文日前称，2020年"大选"，国民党候选人先后出现了韩国瑜、郭台铭的情况，不相信大陆没有从中干预。请问发言人对此有何评价？

马晓光：刚才我已经讲过，我们不介入也不评论台湾地区选举。所谓"大陆干预"的说法，纯属无稽之谈，别有用心。

人民日报海外网记者：已经宣布将参选2020的台湾知名企业家郭台铭日前表示，"民主不能当饭吃，蔡英文盲目将大陆视作敌人的做法不是民主，而是民粹"。请问发言人有何评论？

马晓光：两岸关系和平发展符合两岸同胞的共同利益。民进党当局借各种各样的名义搞对抗，煽动两岸敌意，是为了满足一党一己之私。这一点台湾同胞看得很清楚。

环球网记者：台行政部门日前发布"危害资通安全产品限制使用原则"，有分析认为，台当局此举是针对大陆产品设置的禁购原则。请问发言人对此怎么看？

马晓光：这些年的实践已经充分证明，两岸加强经济合作，互惠互利，能够给两岸同胞特别是给台湾同胞带来实实在在的好处。但是民进党当局违背人民的意愿，反其道而行之，企图对大陆的高科技产业进行封锁限制。这种政治目的挂帅，违背经济规律的做法，最终损害的还是台湾同胞的利益。

中央广播电视总台国广记者：2019 北京世园会将于本月 29 日举行，请发言人介绍一下台湾地区参展情况。

马晓光：2019 年中国北京世界园艺博览会将于 4 月 29 日在北京延庆区举办。应北京世园局的邀请，台湾区花卉发展协会作为参展方，参与了台湾展园的设计布展工作。台湾展园占地 2000 平方米，分为向山行、兰花区、时光路、日月潭、农田里、山之巅 6 大景观节点，展园极具台湾特色，引人入胜。

欢迎广大台湾同胞和媒体朋友们来世园会参观游览、采访报道，一起共襄盛举。

中新社记者：台行政部门近日通过的"两岸关系人

民关系条例修正草案"，其中拟增订"两岸协商签署政治协议应经立法机构'双审议'及'公投'"，并规定"不得作为协议的项目"。据台媒报道，修正条例目的是就政治协商制定所谓"严谨的监督机制"，请问发言人对此有何评价？

马晓光：两岸关系和平发展是两岸同胞的共同愿望，也是两岸同胞的共同利益所在。凡是有利于两岸同胞利益和中华民族根本利益的事情，都应该努力推动。民进党当局为了一党一己之私，违背两岸同胞求和平、求发展的共同心愿，不择手段破坏两岸关系和平发展进程，这样做只会损害台湾同胞的切身利益，葬送台湾的前途和未来。

今天的发布会到此结束，感谢大家光临。

[**发布时间**] 2019 年 5 月 15 日
[**发 布 人**] 马晓光
[**发布地点**] 国务院台湾事务办公室新闻发布厅

国务院台湾事务办公室
新闻发布会

2019 年 5 月 15 日

5 月 15 日上午 10 时，国台办在新闻发布厅举行例行新闻发布会。发言人马晓光就近期两岸热点问题回答了记者提问。

马晓光：各位媒体朋友，大家上午好！欢迎大家来参加国台办的发布会。下面我接受大家的提问。

福建海峡卫视记者：我们知道，日前国民党前主席洪秀柱在大陆率团参访交流，请发言人介绍一下相关情况。

马晓光：5 月 12 日至 15 日，中国国民党前主席、中华青雁和平教育基金会董事长洪秀柱女士率台湾各界人士代表团一行到北京参访。中共中央政治局常委、全国政协主席汪洋会见了洪秀柱一行，海峡两岸关系研究中心与中华青雁和平教育基金会共同举办了"海峡两岸关系与民族复兴"座谈会。

双方围绕两岸关系与民族未来等共同关心的问题深入交换意见，开展协商对话，提出了携手实现民族复兴、巩固共同政治基础、深化两岸融合发展、加强两岸基层交流、促进两岸青年交流、深化两岸文化交流等6项共同倡议。

在倡议中，双方指出，坚持"九二共识"、反对"台独"是两岸关系和平发展的政治基础。坚持这一基础，两岸关系就能不断发展，两岸同胞利益福祉就能不断增进。当前台海形势复杂严峻，两岸有识之士应当倍加珍惜、维护巩固这一基础，加强交流互动和对话协商，共同维护两岸关系和平发展与台海和平稳定大局。

倡议还认为，实现中华民族伟大复兴是两岸同胞共同的梦。在民族复兴进程中，台湾同胞不应缺席，也不会缺席。倡议两岸同胞携手同心，推动两岸关系朝着正确方向前进，为共圆民族复兴之梦而不懈奋斗。

倡议中还提出，要积极推进两岸经济合作制度化，努力推动两岸应通尽通，打造两岸共同市场，壮大中华民族经济。支持认同"九二共识"的台湾有关县市、团体和人士与大陆深化交流合作，扩大台湾农渔民产品在大陆销售，加强两岸旅游业合作。帮助台湾青年来大陆追梦、筑梦、圆梦。反对各种名目的"去中国化""文化台独"行经，增进两岸同胞中华文化认同和中华民族认同，促进心灵契合。

今年1月2日，习近平总书记在《告台湾同胞书》发表40周年座谈会上发表重要讲话，为新时代两岸关系发展指明了方向。我们愿意在坚持"九二共识"、反对"台独"的政治基础上，同台湾的党派、团体和人士开展形式多样、内容广泛的协商对话，聚同化异，积累共识。只要两岸同胞凝心聚力，必将迈向两岸关系和平发展、祖国和平统一、民族伟大复兴的康庄大道。

中国台湾网记者：昨天国台办与国开行签署了有关金融合作的协议，请发言人介绍有关情况。

马晓光：5月14日，国务院台湾事务办公室与国家开发银行在北京签署了《支持台资企业发展　促进两岸经济合作　开发性金融合作协议》，根据本期合作协议，国家开发银行将在今后4年间提供不低于600亿元人民币的意向合作融资总量，在两岸产业高质量发展合作、台资企业投资兴业与转型升级、两岸青年创业创新合作等领域，加强综合金融服务，提供金融支持，促进两岸融合发展。

在 2005 年、2012 年和 2016 年，双方曾三次签署过融资合作协议。截至目前，国家开发银行已经累计发放台资贷款超过 1850 亿元。

中央广播电视总台国广记者：请发言人介绍一下各地各部门落实"31 条惠及台胞措施"的最新进展情况。

马晓光：一段时间以来，各地各部门积极贯彻以人民为中心的发展思想，秉持"两岸一家亲"理念，持续落实"31 条惠及台胞措施"（以下简称"31 条措施"）。近期，黑龙江省、云南省、辽宁省沈阳市、浙江省温州市也分别推出落实"31 条措施"的具体办法。迄今为止，已经有包括 27 个省区市在内的 80 个地方结合当地实际，出台了具体落地措施，进一步增强台湾同胞的获得感、荣誉感。

"31 条措施"的政策核心是为在大陆生活、学习、就业、创业的台胞提供同等待遇。5 月 1 日起，大陆实施的《降低社会保险费率综合方案》，降低了社会保险缴费费率，调整了缴费基数。根据"31 条措施"精神，在大陆的台资企业和台湾同胞均同等享受相关政策并直接受益。

此外，在落实台胞参加职业资格考试方面，司法部 4 月 28 日在厦门市为 26 名参加 2018 国家统一考试取得法律职业资格的台湾居民颁发职业资格证书。

在台胞参评各类荣誉奖项方面，"五一"劳动节和"五四"青年节前后，已有北京、上海、福建、海南、湖北、湖南等地授予多名台湾同胞劳动模范、"五一劳动奖章"、"五四青年奖章"等荣誉称号。

在鼓励台胞参与非物质文化遗产传承方面，由厦门市金莲陞高甲剧团和台湾戏剧学院青年剧团合作演出的闽台地方戏《阿搭嫂》，今天开始在上海第十二届中国艺术节上演出。该剧将高甲戏、客家戏和歌仔戏三个戏曲剧种融合在一起，是闽台地方戏曲艺术融合发展的一次有意义的尝试。

海峡之声广播电台记者：您刚才提到了，日前司法部在厦门举办了台湾居民法律职业资格证书颁发仪式，请发言人介绍一下台湾居民参加大陆司法考试的基本情况。

马晓光：此前，我们在发布会上曾经介绍过，今年 3 月 26 日，最高人民法院发布了《最高人民法院关于为深化两岸融合发展提供司法服务的若干措施》，提出了 4 方面 36 项司法惠台措施，其中明确提出，要逐步扩大台胞参与司法，为广大台胞投入国家法治建设创造更好的条件。

在这里，我和大家一起回顾一下台湾居民参加国家司法考试的基本情况。2008 年司法部颁布《台湾居民参加国家司法考试若干规定》，并在厦门市和深圳市专门为台湾居民设立集中考区，为台湾居民参加考试提供便利服务。2018 年，重新组建的司法部制定颁布《国家统一法律职业资格考试实施办法》，再次明确台湾地区居民可以参加国家统一法律职业资格考试，继续实行台湾居民与大陆居民以同一方式、同一标准、同等条件参加考试的原则。2018 年 9 月举办的首次国家统一法律职业资格考试，恰逢台湾居民参加这项考试 10 周年，台湾考生通过考试人数比往年有大幅度增加。迄今已经有数千人次报名考试，数百名人员被授予法律职业资格。司法部还连续出台了扩大执业范围等 4 项法律服务的对台开放政策。

我们将一如既往保障获得大陆律师职业资格台胞的执业权利，为台湾法律青年学以致用、积极投身大陆法治建设、参与两岸法律服务和"一带一路"法律服务建设、推进两岸经济社会融合发展提供广阔的空间和舞台。

福建东南卫视记者： 日前第四届两岸媒体人北京峰会在北京举行，民进党当局对参加峰会的台湾媒体人施压，请问发言人对此有何评价？

马晓光： 第四届两岸媒体人北京峰会于 5 月 9 日至 12 日在京举行，两岸 160 多位媒体负责人、新闻院校的负责人和专家学者与会，体现了两岸主流媒体希望加强两岸交流合作的共同愿望。

中共中央政治局常委、全国政协主席汪洋会见了与会代表，阐述了大陆对台方针政策，介绍了两岸关系发展大势，表明了我们落实习近平总书记 1 月 2 日重要讲话，坚持"九二共识"、反对"台独"、推动两岸关系朝着正确方向发展的态度立场。期许两岸媒体秉持民族大义，善尽社会责任，共同发挥好沟通两岸民众、弘扬中华文化、深化情感交融的作用，共同推动两岸关系和平发展，推进祖国和平统一进程。

两岸新闻交流对于增进两岸同胞相互了解发挥着重要作用。民进党当局和"台独"势力之所以阻挠、抹黑，就是担心两岸同胞在不断加强了解的过程中，认清他们谋一党之私的政治本质，看穿他们破坏两岸关系的图谋。所以他们这样做，一点也不奇怪，是不会得逞的。

新华社记者： 郭台铭近日表示，"百分百同意台湾是中国不可分割的一部分"。又在接受采访时称，"不会讲'九二共识'，除非加上'一中各表'"，北京应"找到解决两岸问题的和平基础"。请问发言人对此有何评论？

马晓光：世界上只有一个中国，大陆和台湾同属一个中国，中国的主权和领土不容分割。

"九二共识"是两岸关系和平发展的共同政治基础，双方都表明两岸同属一个中国，共同努力谋求国家统一的立场。"九二共识"清晰地界定了两岸关系的性质，表明两岸不是国与国关系。

台湾与大陆是休戚与共的命运共同体，台湾的前途在于祖国统一，台湾同胞福祉系于民族复兴。坚持"九二共识"、反对"台独"，推动两岸关系和平发展，推进祖国和平统一进程，是民族大义，符合两岸同胞的共同利益。对于两岸长期存在的政治分歧问题，在两岸同胞共同努力谋求统一的进程中，双方应该本着对民族、对后世负责的态度，在一个中国原则的基础上，共同探索解决之道。

中央广播电视总台央广记者：两个问题。第一个问题，美国联邦众议院日前通过所谓"2019年台湾保证法"，法案要求对台军售常态化，民进党当局对此表示感谢。这一法案将对两岸关系产生怎样的影响？第二个问题，据悉今年五一假期赴台的大陆游客比去年同期大幅增长，请问是这样吗？

马晓光：关于第一个问题，外交部已就此表明了我们的立场。我们坚决反对美方干涉中国内政，美方应恪守一个中国原则和中美三个联合公报的规定，停止损害台海和平稳定。我们也再次正告民进党当局，搞"台独"，把宝押在外国势力身上是靠不住的，挟洋自重，必将自食恶果。

第二个问题，去年台湾地区"九合一"选举后，越来越多的县市表示支持"九二共识"，大陆游客赴台旅游出现了明显的回暖迹象。特别是上海至澎湖定期航班开通，厦门至高雄的海上航线复航，极大地方便了大陆游客赴台湾中南部县市旅游。"五一"小长假后的 5 月 8 日、9 日、11 日，还有 3 个航次的邮轮满载游客从厦门出发开往澎湖和高雄。

两岸一家亲，两岸同胞亲情是大陆居民赴台旅游的原动力，也是增进台湾同胞利益福祉的纽带。两岸关系好，台湾才会好。只要坚持"九二共识"，无论是赴台旅游还是县市交流，就能不断为台湾同胞带来实实在在的利益。

中新社记者：台当局"公投"事务主管机关日前就

吕秀莲提出的所谓"和平中立公投"举办了听证会，请问发言人对此有何评论？

马晓光：世界上只有一个中国，大陆和台湾同属一个中国，中国的主权和领土不容分割。我们坚决反对任何图谋挑衅一个中国原则、破坏两岸关系的行径。

深圳卫视记者：有两个问题。第一个问题，发言人能否介绍一下王金平先生日前到福建祭祖的相关情况。第二个问题，针对中美经贸摩擦，岛内有一些声音认为，台湾可能会从中受益，台湾经济部门负责人近日称，中美贸易争端影响厂商布局，正好给了台湾机会，台湾正在推动台商回台投资，发言人对此有何评论？

马晓光：第一个问题。5月6日至8日，台湾王氏宗亲会荣誉理事长王金平先生率家人、宗亲到福建漳州祖籍地祭祖并与当地宗亲交流，在厦门祭拜民族英雄郑成功，还参观了台青创业基地、台资企业并与台商座谈。中共中央台办、国务院台办主任刘结一会见了王金平先生，双方就在"九二共识"基础上，推动两岸关系和平发展、反对"台独"、致力于实现中华民族伟大复兴等交换意见。王金平先生表示，两岸同胞都是中华民族的一分子，中华儿女同心一家亲。"九二共识"为两岸关系和平稳定奠定了坚实基础，"台独"根本行不通。两岸同胞应与时俱进，共同推动两岸关系和平发展、致力于中华民族繁荣昌盛。这些情况，大家通过媒体报道都已经看到了。

王金平先生率家人、宗亲回乡祭祖并祭拜郑成功，展现了两岸同胞同宗同源、血脉相连，体现了台湾王氏宗亲对中华传统文化的传承和家国情怀。多年来，两岸交流合作越来越广泛，同胞交往越来越密切，同胞亲情越来越深厚，相互心灵越来越契合。我们欢迎更多的台湾同胞回大陆参加各种形式的交流活动，欢迎更多的台湾同胞参与推动两岸关系和平发展。

第二个问题。改革开放四十年来，大陆的经济社会发展取得了巨大成就，成为世界第二大经济体、第一大市场，我们的经济发展有着极大的战略纵深、韧性和持续强劲的内需动力，世界各国的企业依然看好大陆作为投资目的地。

无论外部环境怎么变化，我们支持台资企业在大陆持续发展的态度是一贯的、明确的。我们已经陆续采取了一些惠及台胞台企的措施，未来还将继续出台和完善相关政策，扩大对外开放，优化营商环境，为台企在大陆发展创造更多的机会、开拓更广泛的空间。

企业投资是遵循经济规律的，是由经济规律说了算的。台湾有一些人企图利用目前中美经贸摩擦，削弱两岸的经济联系，他们的想法只会沦为一厢情愿，两岸经济合作的大潮和大势是挡不住的。

香港中评社记者：台湾立法机构近日通过修改有关规定，原有意今年来大陆参访的马英九、吴敦义等人可能无法成行，请问发言人对此有何评论？另外，请问发言人，就国共论坛一事，目前大陆与国民党方面的磋商如何？

马晓光：两岸同胞通过各种形式开展交流对话，加强沟通合作，为改善和发展两岸关系，增进同胞的利益福祉，发挥了重要作用。一段时间以来，民进党当局出于一党一己之私，不断为两岸人员往来交流设置障碍，严重损害了台湾同胞的利益，这种做法是不得人心的。我们愿意在坚持"九二共识"、反对"台独"的政治基础上，继续深化与台湾各党派、各团体和人士的交往交流，与广大台湾同胞一道，共同推动两岸关系向着正确的方向发展。

台湾《中国时报》记者：中国科协自2002年开始发起港澳台青年交流"玉山计划"，每年都会邀请台湾学生赴北京和南京实习。但台湾"教育部"日前发函给台大和政大，通知要求两校将此项活动的网络公告下架，请问发言人有何评论？

马晓光：我们已经多次评论和抨击过民进党当局的此类言行。一段时间以来，他们在阻挡两岸各个领域的正常交流往来上无所不用其极，做法很难看，嘴脸很卑劣。他们把两岸正常的交流交往说成是对台湾的"统战渗透"，把岛内批评他们施政无方的声音说成是"假资讯、假新闻"，把大陆方面为台湾同胞做好事、谋实事的相关措施说成是对台湾的"威胁"，这完全是颠倒黑白。我想，广大台湾同胞会从民进党当局一系列的动作中认清他们谋一党一己之私，捞取选举利益而不惜破坏两岸关系、损害民众利益的本质。

《人民政协报·两岸经合周刊》记者：蔡英文最近频繁窜入台军营活动，企图以武谋"独"，并抛出"想'独立'不想统一请投蔡英文"等公开叫嚣"台独"的言论，请问发言人如何评论？

马晓光：我们多次就民进党当局和"台独"势力的一些"台独"言行做出批驳。我们对"台独"绝不容忍，也绝不含糊。我想强调的是，两岸关系和平发展、两岸同胞共同利益的维护和保障，必须坚持"九二共识"、反对"台独"，一切与此相悖的行径都是徒劳的。

台湾东森电视台记者：最近岛内选举加温，民进党当局开始严查所谓跟大陆"同路"的台湾媒体，包含报道等相关内容，请问发言人有何看法？

马晓光：我刚才讲过，这是民进党当局企图破坏两岸关系、谋求一党一己之私的卑劣行径。因为两岸的新闻交流为两岸关系发展立下过汗马功劳，做出过突出贡献，在沟通两岸人民的情感、增进两岸同胞的了解方面，一直发挥着无可替代的重要作用。正是因为出于对媒体作用的恐惧，民进党当局把打压的黑手伸向了岛内主持正义、反对"台独"、主张发展两岸关系的媒体和人士。他们的这类做法终究不会得逞，因为广大台湾同胞具备辨别是非曲直的基本判断力。

中央广播电视总台央广记者：民进党当局日前称，台湾民众在淘宝网购时可能被收集个人资料，进而影响操纵其投票行为。请问发言人对此有何看法？

马晓光：这完全是一种无中生有、颠倒黑白、很不负责任的言论。民进党当局现在就是这样，不仅对岛内加强各种控制，分化台湾社会，打压主张发展两岸关系的人士，制造一种所谓的"绿色恐怖"，而且企图转移焦点，嫁祸于人，拼命煽动两岸对抗，升高两岸敌意。我想，两岸同胞都不会上当。

新华社记者：日前台陆委会负责人称，初步掌握有十万台胞领取大陆居住证，未来会有一套登记机制，若未申报，拟罚新台币 1 万到 5 万元，请问发言人对此有何评论？

马晓光：我们多次讲过，制发台湾居民居住证是为了便利台湾同胞在大陆生活、工作、学习，是为了给他们提供同等待遇，这也是积极回应台湾同胞多年来的诉求，是为了解决困扰台胞的实际困难和具体问题。制发台湾居民居住证，核心的功能就是享受同等待遇。所以，持这种证件的台湾同胞可以享受国家和居住地提供的 3 项权利、6 项基本公共服务和 9 项便利，这对广大台湾同胞来说是件好事。具体情况我们以往都介绍过，大家可以查一查，但是大家也看到了，一方面大陆在为台湾同胞做好事，一方面民进党当局在坏台湾同胞的好事，甚至不惜为此处罚台湾同胞。我想，老百姓是看得很清楚的，他们的这种做法最终只能进一步丧失民心。

台湾《联合报》记者：这次国民党前主席洪秀柱到大陆来，跟大陆双方共同座谈，提示六项倡议，请问这六项倡议将来如何落实，如何追踪它的成效？再有一个问题，洪秀柱女士是第一次用民主协商、民主对话的方式邀请来的台湾来宾，第二位会不会邀请新党主席郁慕明？第三个问题，台湾媒体非常努力在做好两岸沟通、两岸交流的工作，被贴上"同路人"的标签后受到很多冲击，发言人有什么看法？

马晓光：你的第三个问题，刚才我已经表明了鲜明的态度和看法。我觉得，这些出于改善和发展两岸关系初心的台湾媒体，应该挺直腰杆，毕竟邪不压正。

对于你前两个问题，我一并做个回答。这次对话交流中，在座谈会上，提出了一些有利于两岸关系发展和两岸同胞利益福祉的具体意见建议，包括六大倡议中的一些内容，有些我们已经在积极推动落实，有些我们会认真研究，并且希望两岸各界人士一起来冲破台湾当局的层层阻挠和限制，共同为实现这些倡议创造条件。我愿意再次重申，我们愿意在坚持"九二共识"、反对"台独"的政治基础上，同台湾的党派、团体和人士开展形式多样、内容广泛的对话协商，聚同化异，凝聚共识，我们将持续为此做出努力。

发布会到此结束，感谢大家的光临。

[发布时间] 2019 年 5 月 29 日
[发 布 人] 安峰山
[发布地点] 国务院台湾事务办公室新闻发布厅

国务院台湾事务办公室
新闻发布会

2019 年 5 月 29 日

5 月 29 日上午 10 时，国台办在新闻发布厅举行例行新闻发布会。发言人安峰山就近期两岸热点问题回答了记者提问。

安峰山：各位记者朋友，大家上午好，欢迎大家出席今天上午举行的国台办例行新闻发布会，下面我愿意回答大家的提问。

新华社记者：蔡英文当局上台已经 3 年了，请问发言人如何评价 3 年来的两岸关系？

安峰山：从 2016 年"5·20"以来，民进党当局拒不承认"九二共识",单方面破坏两岸关系发展的共同政治基础,支持纵容各种"台独"活动,阻挠限制两岸交流合作,挟洋自重,不断抛出各种充斥"两国论"的分裂言论,肆意攻击大陆,煽动两岸敌意,升高两岸对抗,不仅恶化了两岸关系,导致台海形势更趋复杂严峻,而且严重损害了台湾同胞的利益福祉。

3年来,面对台湾当局和"台独"势力的各种挑衅和破坏,我们毫不动摇坚持对台工作的大政方针,坚决贯彻落实习近平总书记关于对台工作的重要论述,坚定坚持一个中国原则和"九二共识",坚决反对和遏制任何形式的"台独"分裂图谋和行径,同时积极贯彻以人民为中心的发展思想,秉持"两岸一家亲"理念,努力扩大两岸民间各领域交流合作,我们持续推出了包括"31条措施"、向金门供水、制发台湾居民居住证等一系列惠台利民的政策措施,促进两岸融合发展和同胞心灵契合。台湾前途在于国家统一,台湾同胞福祉系于民族复兴。我们将团结广大台湾同胞和我们一道克服困难,排除障碍,努力推动两岸关系和平发展,扎实推进祖国和平统一进程,这是任何人任何势力都无法阻挡的。

海峡之声广播电台记者:蔡英文近日声称,因为大陆提出"一国两制"台湾方案,她才明确表示立场,并没有挑衅。蔡英文还称，"大陆不断通过打压来影响台湾"，2020年"大选"恐怕是台湾的最后一次选举，对此请问发言人有何评论？

安峰山：世界上只有一个中国，中国主权和领土从未分割、也不容分割，大陆和台湾同属一个中国的事实从未改变，也不容改变。制度不同，不是统一的障碍，更不是分裂的借口。任何企图改变大陆和台湾同属一个中国事实的言行，都是对中华民族整体利益和两岸同胞共同利益的严重挑衅。

每逢岛内选举，民进党及其当局领导人总会利用煽动两岸敌意、升高两岸对抗、激化矛盾冲突、恶化两岸关系，采用故意冲撞的"碰瓷"手法来挑衅大陆，以此制造敌意和对抗来骗取选票，这是他们惯用的套路。但是，谎言和骗术总会有被拆穿、被识破的时候，回顾2008年到2016年间，两岸大交流、大合作，和平发展、安定祥和的景象，对比2016年民进党上台以后台海形势日趋复杂严峻的局面，孰令致之，不言自明。在事实面前，民进党及其当局领导人还想用这种无中生有的手法和危言耸听的言论去继续欺骗下去吗？

福建厦门卫视记者：请发言人介绍一下各地各部门落实"31条惠及台胞措施"的最新进展情况。

安峰山：各地各部门一直在持续落实"31 条惠及台胞措施"，最近又取得了一些新的成效。这里我再举几个例子。

近一个月来，山东省陆续有济南、烟台、泰安、枣庄、聊城、济宁市等多个地方密集出台了"31 条措施"的具体实施意见，让"31 条措施"在齐鲁大地落实落细，为台胞台企在山东的发展提供了更多的便利和更大的支持。

在金融合作方面，富邦华一银行获批筹建信用卡业务，成为大陆首家获批该业务的台资银行，将为大陆的台胞台企享受更多金融服务提供更有力的支持。

在支持台湾青年发展方面，江苏省台办日前发布了台湾青年暑期实习岗位总表，向有意愿到江苏实习的台湾青年提供 1000 个优秀岗位，涉及国有企业、事业单位、民营企业、台资企业和社会公益事业组织等，包括很多知名的企业和部门，涵盖了金融、法律、医疗、新闻传媒等 30 多个行业和领域。

在大陆各类评奖项目向台湾同胞开放方面，中华诗词研究院日前公布了首届"屈原诗学奖"的获奖名单，6月 3 日将在湖北荆州举行颁奖大会，台湾学者荣获其中的"诗学论文奖"。这是两岸同胞共同开展中华历史文化研究、携手弘扬中华优秀传统文化的具体表现。相信将有更多在专业领域取得突出成绩、做出较大贡献的台湾同胞和大陆同胞一样，得到相应的肯定、鼓励和表彰。

中新社记者：新党主席郁慕明近日率团在大陆参访交流，请发言人介绍一下相关情况。

安峰山：5月24日到30日，新党主席、新中华儿女学会荣誉理事长郁慕明率台湾各界人士代表团先后到访广东、上海、江苏和北京等地，广东省委书记李希、上海市委书记李强、江苏省省长吴政隆分别会见了郁慕明一行。郁慕明一行还拜谒了广州黄花岗七十二烈士墓、南京中山陵，参观了部分台企和台青创业基地，与台生台商座谈交流，了解两岸经济合作及台胞在当地的工作生活和学习情况。今天上午，两岸各界人士在京围绕两岸关系与民族复兴的相关话题开展对话协商，深入交换意见，有关情况我们将及时发布。在京期间，还将有其他重要活动，也会及时发布。

中央广播电视总台国广记者：据悉，广东近日将举办台商参与粤港澳大湾区建设的有关活动，请发言人介绍相关情况。

安峰山：为了支持台胞台企把握和分享粤港澳大湾区的建设机遇，深化两岸融合发展和促进两岸经济文化的交流合作，"台商一起来，融入大湾区"主题活动将于6月3日至5日在广东举办，有关部门、广东省领导、两岸企业家峰会双方理事长、台湾工商团体和台资企业代表以及台湾青年代表约300人将出席活动。举办本次活动是对台胞台企对粤港澳大湾区高度关注和热切期望参与到大湾区建设中来的积极回应，将为台胞台企详细解读大湾区发展规划和相关政策，台胞台企代表将考察广州、深圳、珠海、佛山、东莞等大湾区城市，同时实地了解前海及横琴新区等重大发展平台。希望此次活动能够帮助台胞台企深入了解大湾区，融入大湾区，共享机遇、共谋发展、共创双赢。

深圳卫视记者：美国最近遏制打压华为，是否冲击到在大陆的一些台企和台湾相关供应链企业？外界注意到华为供应商之一台积电表示没有停止向华为供货，请问发言人对此有何评论？

安峰山：我们也注意到，此前华为公布的供应商名单里面有不少台湾企业，可以说华为取得的成就也有这些台湾企业的贡献。华为和台湾的有关企业开展合作，有助于发挥企业间的互补优势，实现强强联合，为两岸经济共同发展发挥积极作用。

《人民政协报·两岸经合周刊》记者：最近美国不断

打"台湾牌",民进党当局明确表态,愿意做美国印太战略的一分子,并不断把大陆当"假想敌"、搞各种军演,美台一唱一和引起大陆网友反感,在大陆网络上再掀起"武统"的浪潮,请问发言人对此如何评价?

安峰山:我们多次明确表示,台湾问题是中国内政,不容任何外来干涉。我们坚决反对美方和台湾地区进行任何形式的官方往来和军事联系,决不允许外国势力打"台湾牌"损害两岸同胞的共同利益。我们也正告民进党当局,搞"台独",把宝押在外国势力身上是靠不住的,任何挟洋自重,在国际上离间生事,升高两岸对抗和制造同胞敌意,恶化两岸关系,这样的分裂行径最终都会自食恶果。任何人任何势力都不要低估我们捍卫国家主权和领土完整的决心和能力。

福建东南卫视记者:蔡当局近日动作频频,继日前延长马英九、吴敦义的出境管制后,又加码限制退将赴大陆活动,请问发言人对此有何评论?

安峰山:两岸同胞通过各种形式开展交流对话和沟通合作,为改善和发展两岸关系、增进两岸同胞的利益福祉发挥了重要作用。一段时间以来,民进党当局出于一党一己之私,以各种理由限制两岸人员往来和交流,打压参与两岸交流的台湾人士,这与台湾民众希望加强两岸交流的愿望是背道而驰的，也严重损害了台湾同胞的利益福祉。我们愿意在坚持"九二共识"、反对"台独"的共同政治基础上，继续深化与台湾各党派、团体和各界人士的交流合作，与广大台湾同胞一道共同推动两岸关系朝着正确的方向发展。

台湾《联合报》记者：中国科协从 2002 年开始就发起台港澳青年交流的"玉山计划"，每年暑假都会邀请台湾大学生到北京实习，今年台湾教育部门发函要求台大和政大下架这些计划公告，请问发言人的看法。

安峰山：两岸教育交流和合作是两岸各领域交流合作的一个重要组成部分，关乎两岸青年的利益和福祉。我们一直积极支持和鼓励，加强两岸教育领域的交流和合作，增进两岸青年的相互了解，为台湾学子到大陆的学习、实习、工作和生活创造更好的条件，提供更大的空间。民进党当局却对台湾青年到大陆发展和两岸教育交流横加阻挠，歪曲抹黑，处心积虑地破坏两岸教育交流，他们损害的是台湾青年的发展机遇和利益福祉。

台湾《中国时报》记者：台湾日前通过"同性结婚专法"，请问大陆是否考虑准备开放同性婚姻合法化？

安峰山：我们注意到了岛内的报道。大陆实行的是一男一女结为夫妻的婚姻制度。

福建海峡卫视记者：民进党当局将"北美事务协调委员会"更名为"台湾美国事务委员会"，民进党当局认为此举象征台美关系紧密，请问发言人有何评论？

安峰山：昨天我办发言人已经以答记者问的形式，清楚表明了我们在相关问题上的严正立场。一个中国原则是国际社会公认的准则，也是中美关系的重要政治基础，任何破坏一个中国原则的言论和行动，都无异于在动摇中美关系的根基，都不符合两国的根本利益，也是非常危险的言行，对此我们坚决反对。我们也再次正告民进党当局，"台独"是历史逆流，是绝路。任何挟洋自重都是没有出路的，也必将自食恶果。

台湾"中央社"记者：台湾地区领导人蔡英文日前会见了所谓"民运人士"，请问国台办的看法。

安峰山：大陆政治经济社会发展情况只有大陆人民最有发言权。在中国共产党的坚强领导下，我们坚定不移地走中国特色社会主义道路，坚持改革开放，取得了举世瞩目的辉煌成就，这不是靠抹黑和诬蔑能够否定得了的。民进党当局不断升高两岸对抗，破坏两岸关系的行径，是不得人心的，也不会得逞。

台湾中天电视台记者：最近民进党当局拟修改相关条例，赴大陆参与民主协商的人士或者党派将会适用所谓的"外患罪"，请问国台办有何回应？

安峰山：我们多次表示，民主协商是推进两岸关系和平发展的正确方向，符合两岸民意和时代潮流。凡是有利于两岸同胞共同利益和中华民族根本利益的事情，都应该积极推动。在一个中国原则基础上，两岸双方各政党和各界人士都有权利也有责任发表意见，开展协商，通过民主协商来凝聚共识。民进党当局图谋制造"一边一国"蓄意升高两岸对抗，制造两岸敌意，这种行径阻挡不了两岸关系滚滚向前的潮流，他们不断打压岛内主张和平统一的政党和人士，更是损害台湾民众的根本利益和台湾的前途未来。

台湾东森电视台记者：据港媒传，大陆要在北京建设"一国两制"博物馆，里面也会设台湾馆，请发言人予以核实。

安峰山：你提到的设立博物馆的有关情况，我目前不掌握。我要强调的是，我们主张"和平统一、一国两制"。"和平统一、一国两制"是解决台湾问题、实现国家统一的最佳方式。"一国两制"是为了照顾台湾的现实情况和保障台湾同胞的利益福祉，体现了大陆方面对广大台湾同胞的善意和关爱。"一国两制"在台湾的具体实现形式会充分考虑台湾的现实情况，会充分吸收两岸各界的意见建议，也会充分照顾到台湾同胞的利益和感情。

人民日报海外网记者：高雄市长韩国瑜说，许多民进党人非常想去大陆，看看大陆如今的进步与发展，但是"卡"在挂着民进党牌子，以及党纪与选票的压力，请问发言人有何评论？

安峰山：我们对岛内人士的相关言论不做评论。两岸关系好，台湾才会好，台湾同胞的利益福祉才能得到维护和增进。我们对与民进党人士交往的态度是非常明确的。

香港中评社记者：两艘美国海军舰艇本月再次穿过台湾海峡，美军第七舰队发言人表示，这些船舰航经台湾海峡展现了美国对自由开放的印太地区承诺，请问发言人对此有何评论？

安峰山：外交部已经就此事表明了我们的严正立场，有关部门已经向美方提出了严正交涉。台湾问题事关中国的核心利益，我们坚决反对任何外来干涉。美方应恪守一个中国原则和中美三个联合公告规定，慎重妥善处理涉台问题。

环球网记者：近日有媒体报道，萨尔瓦多副总统当选人 23 日参加活动后声称，他上任后萨尔瓦多不排除和台当局恢复所谓"邦交"，请问发言人对此有何回应？

安峰山：坚持一个中国原则是国际社会公认的准则，也是国际社会的普遍共识，更是中国同任何国家建立和发展关系的根本基础。中萨建交是正确的选择，符合历史发展潮流，也符合两国和两国人民的根本利益。

谢谢大家，今天的发布会到此结束，下次再会。

[发布时间] 2019 年 6 月 12 日
[发 布 人] 安峰山
[发布地点] 国务院台湾事务办公室新闻发布厅

国务院台湾事务办公室
新闻发布会

2019 年 6 月 12 日

6 月 12 日上午 10 时，国台办在新闻发布厅举行例行新闻发布会。发言人安峰山就近期两岸热点问题回答了记者提问。

安峰山：各位记者朋友，大家上午好，欢迎大家出席国台办例行记者会，下面我愿意回答大家的提问。

福建厦门卫视记者：第 11 届海峡论坛马上就要在厦门举办了，请发言人介绍一下筹备情况。台陆委会日前禁限台湾有关人士和团体参加海峡论坛，请问发言人对此有何评论？

安峰山：第 11 届海峡论坛将于 6 月 15 日开始在福建省举办，在为期一周的时间里共有 60 余场活动，其中论坛大会将于 6 月 16 日上午在厦门市举行。本届论坛是由两岸 80 多家单位和社团来共同举行，目前各项筹备工作正在有序推进。海峡论坛组委会办公室将于 6 月 14 日在厦门召开新闻发布会，届时大家可以了解到更多的情况。

目前，已有超过 10000 名台湾各县市和各界别的民众报名参加海峡论坛，规模超过以往历届。这充分说明海峡论坛坚持"民间性、草根性、广泛性"的定位，积极促进两岸交流合作、促进两岸同胞心灵契合，受到广大台湾民众的普遍肯定和广泛欢迎。两岸同胞的骨肉天亲是割舍不断的，加强两岸交流合作是两岸同胞的共同愿望，具有强大而深厚的民意基础。

民进党当局无理阻挠，暴露了他们惧怕两岸交流合作走近走好的心态，影响不了海峡论坛的成功举办。我们也奉劝民进党当局，不要逆时代潮流，开历史倒车，做两岸民间交流的绊脚石，损害台湾同胞的利益，否则只会遭到两岸同胞的共同唾弃。

中新社记者：请发言人介绍一下各地各部门落实"31 条惠及台胞措施"最新进展情况。

安峰山：各地各部门在持续落实推进"31条惠及台胞措施"，不断取得新的成效。近日，福建省深入贯彻落实习近平总书记对福建对台工作的重要指示精神，出台《关于探索海峡两岸融合发展新路的实施意见》，其中提出深化闽台产业融合发展、提升贸易便利化水平、开展"小四通"对接洽谈、打造宜居宜业的生活环境、为台胞来闽发展创造更好条件、支持台胞参与乡村振兴等内容，把为台胞台企提供同等待遇进一步落实落细，像为大陆百姓服务那样造福台湾同胞。此外，四川省自贡市、山东省威海市也分别发布了"31条措施"的具体实施意见，继续为台企台胞提供更多同等待遇，分享大陆发展机遇。

海峡之声广播电台记者：日前美国参议院有人提出要邀请蔡英文赴美国国会演讲，对此请问发言人如何评论？

安峰山：外交部已就此表明了我们的严正立场。美方个别人士屡次发表不负责任的言论，严重违反了一个中国原则和中美三个联合公报，我们坚决反对。当前台海形势复杂严峻，美方应慎重妥善处理涉台问题，不要向"台独"分裂势力释放错误信号。

同时，我们也正告民进党当局，不要低估大陆方面捍卫国家主权和领土完整的决心和能力。任何挟洋自重、破坏两岸关系的企图和行径必将遭到失败，最终只会自食恶果。

新华社记者：日前国务委员兼国防部长魏凤和在香格里拉对话会上表示，如果有人胆敢把台湾从中国分裂出去，中国军队必将不惜一战、必将不惜一切代价坚决维护祖国统一。请问这是否意味着大陆已经做好"武统"的准备？

安峰山：国务委员兼国防部长魏凤和上将在香格里拉对话会上的讲话明确表达了我们坚决维护祖国统一的立场。祖国必须统一，也必然统一，这是七十载两岸关系发展历程的一个历史定论，也是新时代中华民族伟大复兴的必然要求。两岸同胞是血脉相连的骨肉兄弟和命运共同体，我们愿意尽最大的努力，以最大的诚意来追求争取和平统一的前景，同时我们捍卫国家主权和领土完整的决心和意志也是坚定不移的，绝不容忍"台独"分裂势力分裂国家。我们保留采取一切必要措施的选项，针对的是外部势力的干涉和极少数"台独"分裂势力的分裂活动，绝不是针对台湾同胞。

深圳卫视记者：郭台铭日前在记者会上称，国台办"操控某些台湾媒体引导台湾地区选举"。请问发言人对此有何评论？

安峰山：这种说法是无中生有。我们与台湾各党派、团体和人士开展交往交流的共同政治基础是坚持"九二共识"、反对"台独"。我们历来不介入台湾地区选举，反对任何诋毁抹黑大陆、破坏两岸关系的言行。

福建海峡卫视记者：台北市市长柯文哲日前接受采访，就两岸关系做出了积极的表态。请问发言人有何评论？请问"双城论坛"目前的筹备情况如何？

安峰山：我们注意到了有关报道。柯文哲市长积极正面地看待两岸关系，主张"两岸一家亲"，表示两岸应当尊重过去已经签订的协议和互动的历史，在既有的政治基础上，继续推动两岸关系发展，共同追求两岸人民更为美好的未来。他表示只要是有利于增进双方人民福祉，只要是有利于推动两岸关系和平发展，都会尽最大努力去做。对此，我们表示赞赏。

两岸同属一个中国，两岸同胞是一家人，两岸的事是两岸同胞的家里事。只要是对两岸关系的性质有正确认知，秉持"两岸一家亲"的理念，两岸关系就能改善发展，台湾同胞的福祉就能得到改善和保障。关于今年"上海—台北城市论坛"的有关安排，由上海市和台北市来进行沟通。

台湾东森电视台记者：近来香港"修例"引发了一些港民的争议，民进党当局表示反对，郭台铭提出，从"反修例"可以看出"一国两制"在香港的"失败"，请问国台办有何评论？

安峰山：关于您提到的游行和部分参与者在游行结束以后冲击香港特区立法会的情况，香港特区政府已经做出了回应。我们多次强调，"一国两制"是解决香港问题的最佳方案，也是香港回归后保持长期繁荣稳定的最佳制度。香港回归祖国以来，保持了长期的繁荣稳定，"一国两制"在香港的实践取得了举世瞩目的成功，这是不可否认的一个客观事实。"一国两制"在台湾的具体实现形式会充分考虑台湾现实情况，会充分听取两岸各界意见和建议，会充分照顾台湾同胞利益和感情。民进党当局罔顾事实，颠倒黑白，蓄意诋毁"一国两制"，破坏两岸关系发展，别有用心，也终将失败。

中央广播电视总台国广记者：暑期将近，在当前两岸关系形势下，两岸民间交流是否受到影响？近期有哪些规模较大的两岸交流活动？

安峰山：近一段时间，民进党当局加紧阻挠限制两岸正常交流交往，在两岸交流领域蓄意挑衅和破坏，制造恶性事端。但是挡不住两岸民众交流的热情。近期各地成功举办一系列两岸交流活动。

例如，"第二届两岸高校赛艇文化研习营"活动于4月14日至22日在陕西西安举行，来自两岸及港澳地区14所高校的308名师生参加。"三好海峡杯"两岸中学生篮球邀请赛于4月27日至5月1日在上海举行。"情系齐鲁——两岸文化和旅游联谊行"活动于5月22日至29日在山东举办，两岸文化、旅游业界约350位嘉宾出席了活动。5月28日至6月2日，"古韵今辉·乐融两岸"苏台童声音乐汇活动在江苏省举办，苏台两地有400多名中小学生以歌会友，开展合唱音乐会、校园学伴交流等丰富多彩的活动。5月18日至22日，第21届海峡两岸经贸交易会在福州市举办，1100多名台湾工商界人士参加。6月3日至5日，"台商一起来，融入大湾区"主题活动在广东举办，230多名台湾工商界人士参加，详细了解大湾区发展规划和相关政策，寻找新的商机。

无论两岸关系形势如何变化，我们持续推进两岸民间各领域的交流合作，深化两岸经济社会融合发展。暑期我们还将举办一系列的交流活动。例如，第三届海峡两岸学生棒球联赛成都分站赛将于6月下旬举行，两岸24支学生棒球队将展开角逐，共约600人参加，这是联赛创办以来首次在北京和深圳以外的大陆城市举办。7月中旬在上海市也将举办"情系青春——两岸青年申城行"活动，两岸艺术设计和旅游管理等相关专业的100位青年学子将深度感受海派文化的风貌和底蕴，了解祖国大陆文化旅游产业的发展情况。此外，像两岸新旧动能转换高峰论坛、津台会、云台会、湖北·武汉台湾周等也将于近期陆续举办，欢迎台湾的工商界人士踊跃参与，从中获得新的发展机遇。大陆的有关机构、企业还将开展台湾青年的暑期实习活动，为广大台湾青年来大陆追梦、逐梦、圆梦创造更多的机会。

中央广播电视总台央广记者：近期公安部与西班牙警方合作集中引渡了一批台湾电信诈骗犯罪嫌疑人至大陆，请发言人说明有关情况。另外，台陆委会再次指责大陆，并称大陆应该与台湾有关方面共同合作来侦办才能瓦解犯罪集团，请问发言人对此有何评价？

安峰山：西班牙有关方面坚持一个中国原则，妥善处理涉台案件。众所周知，一段时间以来，以台湾犯罪分子为首的电信诈骗案件频发，两岸同胞深受其害，对此深恶痛绝。大陆方面坚决打击各类电信诈骗犯罪活动，本着有利于打击犯罪、有利于维护司法公正、有利于保护被害人权益的立场，依法将跨境电信诈骗犯罪分子缉拿归案，绳之以法，受到了两岸同胞的高度肯定，也得到了国际社会的普遍理解和大力支持。到底是谁罔顾两岸同胞的权益，给两岸共同打击犯罪设置障碍，相信公道自在人心。

《人民政协报·两岸经合周刊》记者：继阻挠岛内学生参加中国科协发起的港澳台青年交流"玉山计划"后，民进党当局又开始清查到大陆工作的科研人员，请问发言人如何评价？

安峰山：大陆方面一直积极为台湾同胞分享大陆的发展机遇创造更好的条件，造福台湾同胞。而民进党当局却编造各种理由不断从中作梗，处处设置障碍，甚至肆意罗织罪名威胁和恫吓，这是站在台湾同胞的对立面，损害台湾民众追求美好生活的权利，阻碍台湾同胞实现自身更大更好发展的机遇，只会进一步损害台湾同胞的利益。

一段时间以来，民进党当局的所作所为用四句话来形容，那就是：为一己之私，阻两岸交流，害百业凋敝，损万众福祉。民进党当局现在最害怕的就是两岸各领域的交流合作和民众交流交往，因为两岸民众走近走好、相互增进了解、增加理解和融洽亲情，就会让他们刻意制造两岸之间敌意和仇恨的谎言不攻自破，同时也会让他们为了谋取选举利益在两岸间制造紧张对立的图谋，遭到戳穿和识破。我想，心术不正，机关算尽，最终只会害人害己，断送的不仅仅只是民进党及其当局，还要搭进台湾同胞的利益福祉和台湾的前途未来。

中国台湾网记者：广东前不久举办了"台商一起来，融入大湾区"的活动，对于台商希望积极融入大湾区的建设，大陆方面有什么积极措施和回应吗？

安峰山：上次发布会时我已经介绍了该活动的相关情况。"台商一起来，融入大湾区"主题活动6月3日至5日在广东举办，该活动举办的目的是为了支持台胞台企把握和分享粤港澳大湾区的发展机遇，深化两岸融合发展和促进两岸经济文化交流合作。广大台商是两岸交流合作的先行者和受益者，也必将是大湾区建设的参与者和受益者。大湾区建设为台资企业转型升级、持续发展提供了新的重大机遇，希望广大台商台企能够发挥改革开放之初"敢为天下先"来大陆投资兴业的拼搏精神，在实现自身更好发展的同时，共享祖国繁荣富强的伟大荣光，为推动两岸关系和平发展，推进祖国和平统一进程做出新的贡献。

香港中评社记者：美国国防部6月1日发布一份战略报告，声称一直致力于评估台湾的防务需求，以协助台湾增强生存能力。同日在新加坡举办的香格里拉对话会上，美国代理防长表示将持续履行"与台湾关系法"的义务，向台湾提供防卫所需的武器和服务，请问发言人对此有何评论？

安峰山：外交部已经就美方的相关报告表明了我们的严正立场。日前在香格里拉对话会上，国务委员兼国防部长魏凤和上将也就外国势力干涉中国内政、插手台湾问题发出了严重警告。台湾问题事关中国的主权和领土完整，我们坚决反对美台进行任何形式的官方往来和军事联系，这一立场是一贯的，也是明确的。我们也再次正告民进党当局，"台独"是一条绝路，挟洋自重只会自食恶果。

台湾《中国时报》记者：美国国防部日前发布"印太战略报告"将台湾列为"国家"，请问国台办对此有何评论？另外，美台最近在军事上有很多交流，这是否已经逾越了大陆的"一中"原则的底线？

安峰山：世界上只有一个中国，台湾是中国不可分割的一部分，台湾从来不是一个国家，这一事实从未改变，也不容改变。我们对美台开展任何形式的官方往来和军事联系的态度是非常明确的，那就是坚决反对。

人民日报海外网记者：有所罗门媒体称，所罗门群岛外交部部长指出，将在 100 天内决定是否与台湾"断交"，请问发言人有何评论？

安峰山：坚持一个中国原则是国际关系的准则，也是国际社会的普遍共识。顺应这一时代潮流是世界上绝大多数国家的选择。

环球网记者：有岛内媒体日前称，台军计划把"雷霆－2000"多管火箭炮推进部署到金门马祖，并称火箭炮能搭载神经毒气弹，可以打到大陆沿海城市。请问发言人对此怎么看？

安峰山：搞武力对抗，以武谋"独"是没有出路的。特别是故意渲染化学武器的疯狂言论，必将遭到两岸同胞的共同谴责。

今天的发布会到此结束，下次再会。

[发布时间] 2019 年 6 月 26 日
[发 布 人] 安峰山
[发布地点] 国务院台湾事务办公室新闻发布厅

国务院台湾事务办公室
新闻发布会

2019 年 6 月 26 日

6 月 26 日上午 10 时，国台办在新闻发布厅举行例行新闻发布会。发言人安峰山就近期两岸热点问题回答了记者提问。

安峰山：各位记者朋友，大家上午好！欢迎大家出席今天上午的国台办例行新闻发布会，下面我愿意回答大家的提问。

新华社记者：请发言人介绍一下日前闭幕的第十一届海峡论坛取得的各项成果。此外，台湾民进党当局对于本届论坛也是加以歪曲诬蔑、限制阻挠，请问发言人对此有何评论？

安峰山： 6 月 15 日至 21 日，两岸 83 家单位和社会团体在福建成功举办第十一届海峡论坛，这是新形势下扩大两岸民间交流、深化融合发展的一次盛会。尽管民进党当局对本届论坛百般阻挠，但正如中共中央政治局常委、全国政协主席汪洋在论坛大会上所指出的那样：两岸民众交流融合的大势任何力量压制不住，两岸同胞维护国家统一的信心和决心任何力量动摇不了，两岸民众同根同源的文化纽带任何力量切割不断，两岸各界携手实现民族伟大复兴的愿望任何力量阻挡不了。本届论坛的特点和成果主要体现在以下几个方面：

一是参会规模空前，范围更加广泛。参加本次海峡论坛的台湾同胞来自 30 多个界别，人数超过 1 万名，创历史新高。其中首次来大陆的占 20%，首次参加海峡论坛的占 40%，来自中南部的基层民众占 51%。多场活动参与人数超过往届。

二是聚焦青年需求，服务青年发展。本届论坛与会台湾青年人数占比超过 50%。台湾青年来大陆交流、发展事业的愿望强烈，本次论坛形式多样的活动回应了他们的需求。包括 125 名博士在内的 300 多名台湾人才出席了登陆第一家园论坛。厦门人才对接会为台湾青年提供 2300 个就业岗位。两岸人才机构达成 80 余个合作意向。

三是合作领域多元，成果更加丰富。论坛期间，签署了一批投资、贸易、行业合作和基层交流协议。如，妈祖文化周期间签约项目 15 个；关帝文化节现场签约 20 个项目；共同家园论坛启动平潭两岸农渔产品交易平台试运营，吸引台湾业者和大陆采购商超过 30 家；科技专家论坛签署两岸学术交流和科技合作项目 32 个；50 多对闽台特色乡镇、现代农业融合发展项目进行对接并签署合作协议。探讨推动"新四通"、厦金"小四通"，福建推出探索两岸融合发展新路政策措施等也是本届论坛亮点。

四是同胞越走越近，感情更加融洽。本届论坛充满"两岸一家亲"的同胞情谊。2000 余位两岸宗亲相会在海峡老百姓论坛，唱响《我们都是一家人》。600 多名同名村台湾乡亲回乡谒祖。200 名两岸一线职工代表相聚职工论坛开展技能交流。两岸大学生和家庭同台诵唱经典，两岸家庭代表讲述家风传承故事。

本届海峡论坛受到广泛关注，影响力倍增。据不完全统计，岛内网络和社交媒体报道达 1600 篇，评论 7.6 万条，点赞近 16 万次，岛内网络声量是上届的 2 倍，关注度是去年同期的 10 倍，视频信息播放量是去年的 20 倍，达 304 万次，岛内社交媒体用户参与本届论坛的话题互动达 350 万人次。

本届海峡论坛的成功举办，再次说明扩大两岸民间交流、深化两岸融合发展是两岸民众共同愿望，民进党当局与此背道而驰，污蔑抹黑，不得人心，最终注定失败。两岸民众汇聚起推动两岸关系向前发展的巨大力量和历史趋势，是任何人、任何势力都无法阻挡的。

福建东南卫视记者：福建省正致力于将平潭建设成台胞台企登陆第一家园的先行区，请发言人介绍一下有关情况。

安峰山：近年来，福建省和平潭综合试验区在对台合作先行先试方面积极采取措施，不断优化营商和生活环境。平潭到台中、台北的海上快捷客货滚装航线，为闽台两地乃至两岸民众往来发挥了积极作用。随着平潭对台贸易便利化水平不断提高，台资企业进入大陆市场的门槛和成本也在持续降低，发展机遇不断增多，吸引了许多台胞台青来到平潭生活创业就业。

6 月 16 日，福建省平潭综合实验区管委会出台了《探索海峡两岸融合发展新路的实施细则》，提出建设台胞台企登陆第一家园先行区的"36 条措施"，内容主要包括提升经贸合作畅通、推进基础设施联通、加快能源资源互通和深化行业标准共通，落细落实台胞台企同等待遇、推动台胞公共服务均等化、加强两岸基层治理交流合作、扩大两岸民间交流交往等，将为台胞台企到平潭实现更大更好发展提供更多便利和创造更好条件。

福建海峡卫视记者：请问在推动实现金门马祖同福建沿海地区的"小四通""应通尽通"方面目前取得了哪些进展？

安峰山：习近平总书记今年1月2日在《告台湾同胞书》发表40周年纪念会上重要讲话指出，亲望亲好，中国人要帮中国人，两岸要应通尽通，提升经贸合作畅通、基础设施联通、能源资源互通和行业标准共通，可以率先实现金门、马祖同福建沿海地区通水、通电、通气、通桥。

金门、马祖民众长期以来一直希望大陆帮助解决用水用电紧缺等困难，也多次表达过通气和通桥的诉求。我们的态度很明确，对于这些需求，大陆愿意尽一切努力为他们实现更大更好的发展创造机遇、提供条件。去年8月，福建向金门供水工程克服重重困难实现了正式通水。迄今福建已经向金门稳定供水300多万吨，解决了金门乡亲长期以来面临的用水困难。

关于后续通水、通电、通气、通桥事宜，大陆有关方面和福建省一直在积极开展工作。我们能够做的，都在积极务实推进，并且已经取得了阶段性进展。在向马祖供水方面，2002年福建在马祖水荒期间已经有过以船运方式来应急供水的先例。只要马祖有需求，我们随时可以供水。在通电方面，国家电网福建公司负责人已经公开说明了与金马通电的方案，做好了技术准备，能够实现安全、稳定和环保供电。在通气方面，两岸有关企业已经进行了前期的沟通和对接，船运供气和管道供气两种方案已经初步成型。在通桥方面，大陆专家和企业已经开展深入研究，相关规划正在推进。只要条件具备，两岸企业、行业协会可以通过更进一步的对接洽谈，加快推进落实对这些两岸同胞都有实实在在好处的事情。

我们将继续全面贯彻落实习总书记的重要讲话精神，坚持以人民为中心的发展思想，进一步研究推出新的举措，不断深化两岸经济社会融合发展。希望两岸同胞共同努力，排除障碍，早日实现两岸"应通尽通"，不断增进同胞的利益福祉。

香港中评社记者："时代力量"黄国昌等人日前发起所谓"拒绝红色媒体"游行，蔡英文称，此事能提高对于"大陆渗透台湾媒体"的警觉，将从立法、行政双管齐下，加上国际合作，把所谓的"错假信息"从台湾社会移除，请问发言人对此有何评论？

安峰山：两岸都十分明白，两岸关系好，台湾才会好，也只有两岸同胞能够走近走亲，两岸关系发展才会走实走好。我们一直在推进加强两岸的交流合作，增进两岸同胞的相互了解和深化彼此的亲情，这符合两岸同胞的共同利益，符合中华民族的整体利益。多年来，两岸媒体在其中发挥的积极作用，相信大家都有目共睹。现在，两岸分别有10多家主流媒体在对岸驻点采访，众多两岸媒体记者往来两岸进行采访报道，开展新闻交流，他们为两岸民众的相互了解打开了一扇非常宝贵的窗口。

大陆和台湾虽然近在咫尺，但是一湾浅浅的海峡把我们分成了两岸。虽然两岸交流已经30多年，但是真正到过祖国宝岛的大陆民众实际上还很少，还有相当一部分台湾民众也没有来过祖国大陆。他们要想真正去了解真实的对方，离不开两岸媒体的客观报道。两岸媒体和新闻交流的重要性是不言而喻的。我们之所以把两岸媒体称作两岸间的桥梁和纽带，是因为他们能够增进两岸同胞之间的相互了解和融洽亲情。这么多年我们一直积极鼓励和支持两岸新闻交流。

民进党当局和"台独"势力害怕两岸走近走好，害怕两岸民众相互了解、融洽亲情，这会让他们刻意制造的两岸敌意假象不攻自破。因此他们就想用"拆桥""毁路"的手段来阻止两岸之间相互了解，割裂两岸同胞的亲情纽带，对那些能够客观报道大陆情况和支持两岸关系和平发展的媒体，视作眼中钉、肉中刺，大肆进行抹黑抹红，煽动围攻，现在更公然伸出黑手，进行打压和迫害、升高两岸对抗。他们的所作所为，遭到两岸民众强烈反对和谴责，其图谋也不会得逞。

深圳卫视记者：台立法机构近日通过所谓"国安法修正案"加重对所谓"大陆间谍"的刑罚，并纳入"外患罪"，请问对此有何评论？

安峰山：民进党当局图谋制造"一边一国"，蓄意制造两岸敌意，升高两岸对抗，这样的行径必将遭到两岸同胞的共同唾弃。

香港凤凰卫视记者：蔡英文和民进党一些政治人物针对香港"修例"不断做出一些所谓回应，朱立伦、郭台铭日前也表示说台湾不会将"一国两制"作为选项，对此有何回应？

安峰山：上次发布会的时候，我们已经回答过了类似的问题。我们多次强调，"和平统一、一国两制"充分考虑台湾的实际情况，是实现国家统一的最佳方式。"一国两制"在台湾的具体实现形式会充分考虑台湾的现实情况，充分吸收两岸各界意见和建议，充分照顾台湾同胞的利益和感情。

台湾东森电视台记者：香港"反修例"事件慢慢影响到台湾。原本低迷的民进党选情有所提升，请问大陆怎样看待这样事情？

安峰山：我们对台湾的选举不做评论。有关香港特区政府修例的问题，国务院港澳办、外交部、我办都已经表明了我们的原则立场。我们坚决反对任何人对香港的事务说三道四，发表不实言论。任何在香港制造混乱和干扰破坏香港繁荣稳定的图谋，都是不可能得逞的。

中央广播电视总台央广记者：两个问题。第一，据悉，第十六届湖北·武汉台湾周即将举行，请发言人介绍一下相关情况。第二个问题，2019上海台北城市论坛将于7月4日在上海举行，台北市长柯文哲将率团出席论坛，请介绍一下。

安峰山：您的第一个问题，第十六届湖北·武汉台湾周将于7月8日至12日在湖北举行。本届台湾周以"新时代、新动能、新融合"为主题，以促进鄂台经济社会融合、让台湾同胞共享湖北发展战略机遇、促进同胞心灵契合、推动新时代湖北高质量发展为目标，聚焦电子信息、智能制造、生物医药、节能环保等高新技术产业和金融服务创新、文化创意等新兴产业的发展，将开展一系列经贸合作、青年交流、基层互动及文化交流等活动。届时，台湾各界知名人士、青年及基层代表，台湾有关团体负责人，全国台企联及各地台协会长以及两岸专家学者共约 800 位嘉宾将出席活动，欢迎新闻媒体朋友届时采访报道。

您的第二个问题，据了解，经上海与台北两市商定，"2019 上海—台北城市论坛"将于 7 月 4 日在上海举行，"上海—台北城市论坛"由上海市和台北市政府轮流举办，已经成为上海和台北两市之间一个重要的机制化交流平台，在促进两市各领域的交流合作以及增进两地民众民生福祉等方面都取得了一系列积极成果。我们也多次强调，只要对于两岸关系及两岸城市交流的性质有正确认知，两岸城市交流就可以行稳致远，展现广阔前景，造福两岸同胞。

《北京日报》记者：台湾知名媒体人黄智贤因在海峡论坛上发表支持两岸统一演讲，受到"台独"分子"围攻"，台陆委会宣称，将收集资讯，依法处分，请问发言人有何评论？

安峰山：祖国必须统一，也必然统一，这是 70 年两岸关系发展历程的历史定论，也是中华民族伟大复兴的必然要求。"和平统一、一国两制"是充分考虑台湾的现实情况，是实现国家统一的最佳方式，符合中华民族的整体利益和两岸同胞的共同利益。民进党当局肆意打压、迫害反对"台独"、主张统一的团体和人士，这样的行为是不得人心的，也势必引起两岸民众的强烈愤慨，我们对此予以强烈谴责。

台湾《联合报》记者：所罗门群岛预计近期派代表团访问大陆，也将访问台北，研讨与台湾的关系，请问对此有什么评论？

安峰山：一个中国原则是国际关系的准则，也是国际社会的普遍共识，更是唯一正确的选择。

中央广播电视总台国广记者：有专家表示，台湾地区人士可以在大陆担任仲裁员，应让台商加强了解，这对保障台商权益很有帮助，请发言人介绍台湾地区专业人士在大陆仲裁机构担任仲裁员的有关情况。

安峰山：仲裁作为解决民商事纠纷的一个重要手段，具有专业、快捷、成本低等独特的优势，尤其是在解决投资贸易纠纷方面，具有很大的优越性。我们历来提倡台商通过仲裁机制来保护自身的权益。从 1998 年以来，中国国际经济贸易仲裁委员会、中国海事仲裁委员会、海峡两岸仲裁中心和上海、北京、广州、厦门等地的仲裁委员会等40余家仲裁委员会，先后聘任台湾的仲裁员近100名。部分台湾仲裁员已经正式承办仲裁案件。大陆仲裁机构聘请台湾地区专业人士担任仲裁员，对于保护台胞权益、提升投资环境、促进两岸仲裁机构和人员交流，都发挥了积极作用。

台湾《中国时报》记者：昨天高雄旗津和温州的洞头港有首航的开通仪式，主办方说是"小三通"开通仪式，台陆委会称这是政治操作的骗局，旨在制造两岸发大财的假象，请问国台办有什么评论？

安峰山：一段时间以来，凡是有利于两岸交流合作的事，民进党当局总是想方设法阻挠、限制，而且进行政治操弄，他们背后的用意，不言自明。

新华社记者：有舆论认为，民进党当局企图用修改规则的方式逐步斩断两岸联系，阻挠两岸交流，煽动台湾社会对大陆的恐惧和敌意，这种做法可以称之为"修法台独"，危害巨大，影响恶劣，请问发言人对此有何评论？

安峰山：民进党当局为一党一己之私，违背两岸同胞求和平、要合作、谋发展的共同心愿，变本加厉地去阻挠限制两岸交流合作，两岸各党派团体人士的对话沟通，企图为两岸同胞走近走亲和两岸关系走实走好设置障碍。大道之行，人心所向，不可阻挡。任何挑拨和制造两岸同胞对立的"台独"分裂图谋都注定会失败，两岸同胞要携手同心，排除干扰，坚定推动两岸关系克难前行，共同开创中华民族的美好未来。

中新社记者：一段时间以来，台陆委会以各种方式阻挠限制两岸交流，诬蔑诋毁大陆，不断升高两岸对抗，破坏两岸关系，请问国台办对此有何评论，将如何应对？

安峰山：台湾陆委会是台湾当局专责大陆事务的主管部门，理应助推两岸关系和平发展。但是一段时间以来，台陆委会肆意否认"九二共识"，恶毒攻击大陆政治制度和发展道路，限缩破坏两岸正常的民间交流，恶意吓阻台湾民众参与两岸交往，公然介入香港事务，甘当反华势力的"马前卒"，一再挑衅滋事，制造两岸对立，性质极其恶劣。

我们多次强调，任何制造对立、升高对抗、煽动敌意的企图都是徒劳的，都阻挡不了两岸关系发展的大势。我们奉劝台湾陆委会，要认清历史大势，顺应台湾同胞希望两岸关系和平发展的强烈愿望，改弦更张，避免给台海和平造成更大的冲击。如果一意孤行，只会让自己陷入更加被动的境地，最终受到历史的严惩。

中国台湾网记者： 据悉近期"融融＆云集台湾馆"在大陆的电商平台上线，受到两岸网民的关注，请发言人介绍相关情况。

安峰山： 为了满足两岸民众的需求，更好地发挥两岸电子商务平台的作用，由中国台湾网和融融好货及云集主办的"融融＆云集台湾馆"上线仪式6月20日在杭州举办。目前"融融＆云集台湾馆"已经上线了数十种台湾原产地产品，今后台湾产品和服务的数量、质量、成交量将在大陆的电商平台不断提升，"融融"将把两岸优质产品和服务信息更多地分享给两岸同胞。

互联网是拉近两岸同胞距离、推动两岸经济合作最直接也是最便捷的渠道之一，台湾的优质产品和服务通过电商平台进入大陆，能够帮助台湾企业和大陆的台资企业拓宽市场，实现与消费者精准对接，这是两岸应通尽通的一个重要体现。两岸电商企业合作不断加强，将会进一步发挥两岸经济互补性强的合作优势，促进两岸经济交融，深化融合发展。

《团结报》记者： 有消息称，蔡英文计划于7月出访中美洲部分国家，并借机"过境"美国，请问发言人对此有何评价？

安峰山： 我们多次明确表示，世界上只有一个中国，台湾是中国不可分割的一部分。我们坚决反对任何企图在国际上制造"两个中国""一中一台"和"台湾独立"的行径，任何挟洋自重、破坏两岸关系的企图和行径，都只会自食恶果。

中央广播电视总台国广记者：请发言人介绍一下6月29日世园会台湾日活动的相关情况。

安峰山：根据北京世园会的整体活动规划，全国31个省市自治区以及港澳台地区均会举办主题日活动。台湾主题日活动将于6月29日在北京世园会的园区草坪剧场和同行广场举办，由北京市台办、台协以及台中、新北、高雄等县市政府，台湾区花卉发展协会等共同主办，主要包括农特产品推介、文化展演等。据了解，届时台中市副市长令狐荣达率领台中市代表团一行20人，以及在京的台商台胞代表等100余人将会出席。欢迎媒体和各界朋友届时前往参加。

人民日报海外网记者：美国国防部印太事务助理部长薛瑞福日前宣称，美方预期中方将干预台湾2020选举，美方会直接帮助台湾来强化应对能力。有媒体认为，这等于公开承认美国正在介入台湾地区"大选"，请问发言人有何评论？

安峰山：我们历来不介入台湾地区选举，我们也反对任何外部势力介入台湾地区选举，更坚决反对任何栽赃抹黑大陆的言行。美方倒是应该检视自己的言行，回应媒体质疑。

今天的发布会到此结束，祝大家暑期愉快，谢谢大家，我们再见！

[发布时间] 2019 年 9 月 11 日
[发 布 人] 马晓光
[发布地点] 国务院台湾事务办公室新闻发布厅

国务院台湾事务办公室
新闻发布会

2019 年 9 月 11 日

9 月 11 日上午 10 时,国台办在新闻发布厅举行例行新闻发布会。发言人马晓光就近期两岸热点问题回答了记者提问。

马晓光:各位媒体朋友们,大家上午好!很高兴今天又跟大家见面了,发布会由我来主持。下面我接受大家的提问。

中央广播电视总台国广记者:请问发言人,最近一段时间以来,大陆各地各部门在"31 条措施"推进落实方面取得了哪些新进展?

马晓光：近期，各地各部门持续落实"31 条措施"，不断取得新成效，迄今已有包括 28 个省区市在内的 99 个地方结合当地实际出台具体实施意见。吉林省发布 36 条实施办法，四川省成都市发布 54 条实施意见，北京等地还公布了实施细则，对各项措施的申报条件、办理程序、责任单位、联系电话逐一做出详细说明，为台湾同胞享受相关措施提供更多便利。

　　在两岸征信合作方面，福建品尚征信有限公司与台湾中华征信所签署全面战略合作协议，进一步推进两岸民间征信融合。

　　在促进两岸学术界交流互鉴方面，7 月 11 日，南京大学中国社会科学研究评价中心公告，将 15 个学科 30 种台湾人文社科类学术期刊纳入中文社会科学引文索引数据库来源期刊目录，这将为在大陆工作的台湾同胞的学术成果纳入工作评价体系创造有利条件。

　　在促进两岸文化艺术交流方面，据初步统计，目前国家艺术基金已经收到 12 个与台湾地区机构或单位开展合作项目申请，另有 19 位来自台湾的艺术家申报了青年艺术创作人才项目。8 月 19 日，由中华文化联谊会以及来自海峡两岸设计公司等多方共同举办的"中国印象——中国世界遗产文创设计产品展"在首尔中国文化中心开幕。此次展览由台湾团队主创策展，汇集了海峡两岸艺术家设计制作的陶瓷茶具、文具、居家装饰等120多组中国非遗文创产品，体现了海峡两岸共同传承和弘扬中华文化的丰硕成果。

在便利台胞居住生活方面，北京市台办启动面向在京台胞公共租赁住房专项配租工作，首批共筹集40套房源。

今后，我们将继续会同有关部门和地方，持续做好"31条措施"落实工作，及时协调解决广大台胞台企普遍关心的问题，为台胞台企在大陆发展提供更多便利，创造更好条件。

福建厦门卫视记者：请发言人介绍一下近期两岸经贸交流及其他领域交流的情况。对于下半年的两岸各项交流活动的开展，有怎样的预期？

马晓光：加强两岸交流合作，有利于增进两岸同胞相互了解，融洽亲情，符合两岸同胞共同利益。尽管民进党当局百般阻挠，却阻挡不了台湾同胞参与两岸交流、共享大陆发展机遇的热情。今年以来，来往大陆的台胞人数持续稳定增长。特别是进入暑期后，两岸交流也进入热季。河北、北京、山东、河南等省市成功举办了一系列两岸经贸交流活动，达成了一批两岸经济合作项目。

由台北市体育局、上海市体育局等主办的2019"海峡杯"篮球邀请赛在台北开赛，1000多名青少年球员分别参加大学、高中和初中男女组激烈角逐。8月25日至30日，第三届海峡两岸学生棒球联赛在台中、彰化两地举行，来自两岸23支大学生棒球队的600多名选手参加比赛。8月28日，2019海峡两岸八极拳技艺交流大会在山东德州开幕，两岸800多名八极拳高手以武会友，共同弘扬中华传统文化。

接下来，浙江、贵州、四川、广西、重庆等省区市将陆续举办两岸经贸交流活动。9月17日，以"共享机遇·融合发展"为主题的2019浙江·台湾合作周将在杭州开幕，并在杭州、宁波、温州和嘉兴等地举办50多场经贸活动，推进浙台产业对接合作。今年下半年，多个省区市还将在体育、青年、文化、民间信仰等多个领域举办一系列形式多样、生动活泼的两岸交流活动。这充分说明，两岸同胞要交流要合作的主流民意，是任何人任何势力都阻挡不了的。

香港中评社记者：我们注意到，针对香港近期局势，蔡英文和民进党当局不断插手，不仅攻击大陆，诋毁"一国两制"，更公然邀请乱港头目访台，为暴力激进分子提供庇护。请问发言人对此有何评论？

马晓光：我们多次指出，民进党当局在近期香港事态中扮演了极不光彩的角色。他们煽风点火，推波助澜，与"港独"势力相勾结，企图搞乱香港，破坏"一国两制"。他们不断借机攻击诬蔑大陆，煽动岛内民粹，制造"反中恐中"的氛围，捞取选举利益。近日，更置台湾民众的安全和福祉于不顾，公然邀请"港独"分子访台、为暴力激进分子提供庇护，让台湾成为"避罪天堂"，为祸台乱台打开大门。

我们再次正告民进党当局，立即缩回伸向香港的黑手，停止插手香港事务，停止纵容、庇护暴力激进分子，停止破坏两岸关系的行为。

新华社记者：台湾立法机构将推动进行所谓的"中共代理人修法"，以所谓危害安全为名，严格限制台湾个人和机构为大陆宣传、发表有关声明、参加大陆举办的会议等，请问发言人对此有何评论？

马晓光：一段时间以来，民进党当局和"台独"势力为一党一己之私，全面煽动两岸对抗，制造两岸敌意，不遗余力地打击持不同立场的党派、团体和人士，以莫须有罪名恐吓、惩罚参与两岸交流的台湾民众，钳制批评舆论，制造"绿色恐怖"和"寒蝉效应"，引起了岛内舆论的强烈质疑和普遍反对。

他们不思反省，反而错估形势，变本加厉地再次企图修改有关规定，进一步暴露了其"台独"本质。我们注意到，岛内舆论称之为"新戒严法"，一针见血地点出了问题的要害。如果任由其图谋得逞，两岸关系将会倒退回台湾"戒严"时代，台海局势将重陷紧张动荡。台湾民众的基本权利将被剥夺，重新生活在动辄得咎的恐惧之中。那么，是谁在严重威胁台湾民众的"自由民主生活方式"？答案一目了然。

玩火者必自焚。我们正告民进党当局，必须悬崖勒马。

深圳卫视记者：请问将有哪些台湾嘉宾应邀出席国庆70周年的庆祝活动？台陆委会日前呼吁台湾民众不要赴大陆参加国庆的相关活动，并称如果公、军职人员到大陆有所谓的不当行为，将会予以处罚，请问发言人对此有何评论？

马晓光：今年是新中国成立70周年，我们将举办一系列庆祝活动，届时将邀请港澳台同胞、海外侨胞代表共襄盛举。广大台湾同胞是中华民族的一分子，在中华民族走向伟大复兴的进程中定然不能缺席。民进党当局打压两岸交流活动，阻挡不了两岸同胞携手同心共圆中国梦的历史大势。

福建海峡卫视记者：新党日前在党庆活动中公布了该党的"一国两制台湾方案"，请问发言人对此有何评论？

马晓光：新党成立26年来，一直主张两岸和平统一，坚定支持一个中国、反对"台独"，我们对此高度赞赏。我们愿与包括新党在内的坚持一个中国原则、反对"台独"的台湾各党派、团体和人士就推进祖国和平统一进程的有关问题开展对话沟通。

中新社记者：随着台湾高中开学，根据民进党当局教育部门"新课纲"编写的历史教科书正式投入使用。岛内有舆论认为，这一"新课纲"处处"去中国化"，是在教育领域搞"台独"的体现，请问发言人有何评论？

马晓光：民进党当局上台以来，不断推进形形色色的"台独"活动，这次推出了充斥"去中国化"以及"台独"内容的新课纲，不仅荼毒台湾年轻一代，更进一步破坏两岸关系，加剧两岸对抗。

两岸同属一个中国，两岸同胞同属中华民族，谁也不能剥夺台湾同胞身为中华儿女的权利。任何"去中国化"的行径，都无法割裂两岸的历史联结，都无法改变台湾是中国一部分的事实。民进党当局倒行逆施、数典忘祖，已经遭到台湾社会的强烈反对，还必将继续遭到两岸同胞更加强有力的遏制和打击。

福建东南卫视记者：两个问题。第一，台湾中国统一联盟原主席、中华基金会原董事长王津平先生本月7日逝世，请问发言人对王津平先生在两岸关系发展中的作用有何评价？第二个问题，今年大陆暂停大陆影片和人员参加金马影展的消息公布后，不仅大陆、香港电影公司以及演员纷纷表态不参与，不少赞助商也纷纷撤出，请问发言人对此有何评价？

马晓光：台湾中国统一联盟原主席王津平先生因病医治无效，于2019年9月7日逝世。

王津平先生是忠诚的爱国主义者，台湾同胞的杰出代表，台胞爱国统一阵营的杰出领袖和教育家、社会活动家。他矢志不渝推动祖国统一，坚决反对"台独"，坚决反对外部势力干涉中国内政，积极追求社会进步和公平正义，为祖国统一和民族复兴贡献了巨大的心力。中央台办、国务院台办对他的去世表达沉痛的哀悼。

第二个问题，民进党当局不断制造事端破坏两岸关系，一些台湾政治势力利用两岸交流活动发表"台独"言论，破坏两岸交流，大陆电影业界暂停参加2019年金马影展，这个责任民进党当局和"台独"势力难辞其咎。

中央广播电视总台央视《海峡两岸》记者：台湾经

济部门负责人说，中美经贸摩擦对台湾的直接影响很有限，今年"回流"台湾的投资额将超过 8000 亿元新台币，请问您对此有何评价？

马晓光：与广大台湾同胞对经济、民生、实际生活的切身感受相比，民进党当局公布的所谓"回流"数字，大家会相信吗？

多年来，广大台企在大陆实现了很好的发展，这也为岛内同胞的福祉做出了重要贡献。当前，台商台企在大陆经营总体稳定，投资持续增加。据商务部统计，今年 1—7 月，大陆共批准台商投资（不含经第三地）项目 3078 个，同比增长 21.3%，实际使用台资 12.2 亿美元，同比增长 49.1%。

我要进一步指出的是，今年上半年，在复杂的世界经济环境下，大陆 GDP 同比增长 6.3%，经济运行总体平稳、稳中有进，继续保持长期向好的基本面。大陆拥有完整的产业体系、完备的基础设施、丰富的金融资本、强有力的产业链和供应链，200 多种主要工业品产量排名世界第一，今年还有望成为世界最大的消费品零售市场。随着大陆经济规模的持续增长、经济结构的不断优化、新需求的不断迸发，我们相信，这将会给台企台胞带来更大的发展空间。

中央广播电视总台央广记者：受到两岸球迷关注的、父母来自台湾的美籍华裔篮球运动员林书豪，日前签约北京首钢俱乐部，将参加中国男子篮球职业联赛，请问发言人对此有何看法？

马晓光：美籍华裔球员林书豪深受两岸球迷的喜爱。欢迎他来北京打球。

近年来，中国篮球协会专门出台了相关政策，为台湾球员来大陆参加职业联赛创造机会。据我们了解，新赛季 CBA 联赛共有 7 名来自台湾地区的球员注册。欢迎今后有更多的台湾运动员来大陆发展。

台湾《旺报》记者：郭台铭日前跟日本媒体茶叙时提到，两岸是两个"独立的政治体"，请问发言人对此有何评价？另外，上海证交所日前调整沪港通名单，鸿海旗下的富智康被除名，请问发言人有何看法？

马晓光：世界上只有一个中国，台湾和大陆同属一个中国，中国的主权和领土完整从未分割，也不容分割，这是基本的法理事实，也是国际社会公认的现实。在两岸关系改善和发展的问题上，坚持体现一个中国原则的"九二共识"、反对"台独"，两岸关系就会改善和发展，两岸同胞的利益就会得到维护和增进。反之，两岸关系就会遭到破坏，台海局势就会出现动荡，台湾同胞的利益和福祉就会受到损害。

第二个问题，据向有关业务部门了解，富智康是被香港恒生公司从恒生综合大中型股指数中调出。根据沪港通相关业务规则，该股也相应地被从沪港通股票名单中调出。

台湾中天电视台记者：台湾"中研院"1位教授在中国人民大学任职，因陆委会称其违反"两岸人民关系条例"而被请辞，请问这对台湾教师来大陆任教有什么影响？

马晓光：最近一段时间，大家都看得很清楚，民进党当局无视两岸同胞对两岸关系发展的共同愿望，变本加厉地干扰两岸交流活动，限制台湾民众来大陆学习、工作、就业、创业。他们限制台湾大学生来大陆实习，限制台湾退休高官、退役将领和中小学教师来大陆交流，处罚到大陆任教的台湾高校教师、研究所学者，处罚在厦门担任社区主任助理的台湾青年。凡此种种，不一而足。一叶知秋，如果任由他们这些行径延续下去，我担心台湾同胞将生活在不能免于恐惧的日子中。

中国台湾网记者：继赴台个人游暂停之后，赴台团体游是否会受到限制？

马晓光：民进党当局不断鼓噪"台独"活动，不断煽动对大陆的敌意，挑动两岸对立，恶化两岸交流气氛，伤害大陆同胞的感情，不可能不影响大陆民众赴台旅游的意愿。

《团结报》记者： 暑假有非常多的台湾青年学生来大陆学习、实习和交流，请问发言人，如何看待在蔡英文当局限缩两岸交流的背景下两岸青年交流的前景？

马晓光： 抽刀断水水更流。要合作要交流，这是两岸同胞的共同意愿，是谁也挡不住的。

台湾东森新闻记者： 台湾屏东枋寮乡政顾问李孟居赴香港旅游后失联已有三周，请说明有关情况。

马晓光： 据了解，李孟居因涉嫌从事危害国家安全的犯罪活动，已被依法审查。

《人民政协报·两岸经合周刊》记者： 有外媒报道，台湾外事部门负责人吴钊燮日前称，台军正在制定针对大陆的防御和进攻新战略，其中包括"空袭福建"等内容。尽管台有关部门予以否认，但还是在岛内引起强烈关注，请问对此有何评价？

马晓光： 我也看到了台湾有关部门出面否认了此事，说这是一条"假新闻"。我想，通过此事大家可以看到，台湾的"假新闻"策源地到底在哪里，是怎样通过"出口转内销"制造出来的，这是个生动的案例。我希望两岸媒体高度关注，认真解剖。

我想强调的是，"台独"始终是台海和平稳定的最大威胁，严重损害两岸同胞的利益，不符合历史发展的潮流，它是一条绝路，是一条失败的路。如果推进"台独"，还寄望于武力加持的话，注定会失败得更快。

环球网记者：所罗门群岛可能与台湾"断交"的消息传了几个月，请问发言人如何看待所罗门群岛与台目前的所谓"外交关系"？

马晓光：坚持一个中国原则，是国际关系准则和国际社会的普遍共识。顺应这一时代潮流是绝大多数国家的选择。目前我们与178个国家建立并保持外交关系，这一趋势还会发展。

香港大公文汇全传媒记者：乱港头目和"港独"分子到民进党总部时，有很多台湾民众手持五星红旗抗议，批评"港独"是死路。请问发言人对此有何评价？

马晓光：我们多次讲过，"港独"和"台独"都是毒瘤，严重损害两岸同胞、香港同胞的利益，损害中华民族的整体利益。如果任由"两独"合流，不仅祸害香港，也终将会祸害台湾。我相信广大台湾同胞对此看得清楚，会予以坚决抵制。

福建海峡卫视记者：近期香港局势引发西方和岛内

某些势力宣扬"一国两制"是失败的，甚至把"一国两制"视作洪水猛兽，请问发言人对此有何评论？

马晓光：我们多次讲过，"一国两制"是解决国家统一问题的科学构想，它尊重历史、尊重现实，照顾了各方利益，对于台湾来说，这是一种最佳的选择。在"一国两制"台湾方案的探讨中，习近平总书记也明确强调了"三个充分"，会充分考虑台湾现实情况，会充分吸收两岸各界意见和建议，会充分照顾到台湾同胞利益和感情。我相信，随着时间的推进，越来越多的台湾民众能够正确看待、理解并最终接受"一国两制"。

人民日报海外网记者：针对大陆游客赴台减少，导致当地旅游业受损，民进党当局称，会通过一系列补助和优惠措施，希望由日韩和"新南向"的市场弥补减少的大陆游客，请问发言人有何评论？

马晓光：造成赴台大陆游客减少的原因，我们多次做了说明，根本就在于民进党当局破坏了两岸关系和平发展的政治基础，破坏了两岸关系和平发展的大好局面，近期又不断煽动对抗、敌意、对立，推进各种"台独"活动，这一点是毋庸置疑的。

我想再次强调，两岸关系好，台湾同胞才会好。两岸同胞由衷地期盼两岸关系能够尽快回到和平发展的正确轨道上来，使赴台旅游也能够尽快恢复健康的、积极的、正常的发展局面，共同增进两岸同胞的福祉。

台湾中天电视台记者： 刚才发言人提到，台企在大陆的发展同比有增长的趋势。我们也注意到，在郑州的富士康厂最近被指出违反有关劳动法规，请问台企的发展是不是遇到了一些瓶颈和困难？

马晓光： 这种个案不必要做过多联想，我们对个案也不做评论。所有企业的生产经营行为，都应当遵守相关的法律法规，有关部门和地方也会依法依规进行处理。我还要强调的是，在当今复杂的国际经济环境中，大陆这边风景依然很好。我们将继续坚持鼓励台胞投资的政策，为他们做好服务，维护他们的权益。我们希望经由两岸经济合作不断持续地扩大和深化，使得两岸同胞共蒙其利。

今天的发布会到此结束，感谢大家光临！

[发布时间] 2019 年 9 月 25 日
[发 布 人] 马晓光
[发布地点] 国务院台湾事务办公室新闻发布厅

国务院台湾事务办公室
新闻发布会

2019 年 9 月 25 日

9 月 25 日上午 10 时，国台办在新闻发布厅举行例行新闻发布会。发言人马晓光就近期两岸热点问题回答了记者提问。

马晓光： 各位记者朋友们，大家上午好！今天的发布会由我来主持，下面请大家提问。

福建海峡卫视记者： 在大陆居民赴台个人游试点暂停之后，金门、马祖、澎湖三县县长曾在 8 月份拜访国台办，大陆出入境管理部门日前公告恢复受理大陆部分城市"小三通"个人游签注申请，请发言人说明一下相关情况。

马晓光： 由于众所周知的原因，8 月 1 日起，大陆有关方面暂停了 47 个城市大陆居民赴台个人游的试点。这不涉及海西地区 20 个城市居民赴金马澎个人游相关政策，这 20 个城市的出入境管理部门继续受理当地民众赴金马澎个人旅游签注申请。

中央广播电视总台国广记者： 请问发言人近期有哪些重要的两岸经贸交流活动？

马晓光： 近期，两岸经贸交流活动亮点纷呈。9 月 16 日至 22 日，2019 浙江·台湾合作周在杭州等地举办，两岸企业家峰会双方理事长郭金龙和萧万长先生等 1500 多人与会，达成了 32 个合作项目，投资总额约 322 亿元人民币。9 月 17 日至 19 日，2019 贵州·台湾经贸交流合作恳谈会在贵阳举办，台湾工商界代表人士踊跃与会，达成 16 个合作项目，投资金额约 25 亿元人民币。9 月 23 日至 26 日，第 15 届桂台经贸文化合作论坛在广西南宁举办，达成合作项目 11 项，投资金额 108.6 亿元人民币。同期，2019 中国西部海峡两岸经贸合作交流会在四川成都举办，达成 21 个合作项目、投资金额近 20 亿元人民币。这充分说明，在当前复杂的世界经济环境下，大陆经济规模持续增长，结构不断优化，市场更加开放，新需要不断迸发，依然是台商投资的最佳选择。

接下来，10 月中旬和 11 月上旬，第十一届重庆·台湾周和第 18 届中国苏州电子信息博览会也将分别在重庆市和苏州市举行，欢迎广大台湾同胞参与，把握新的发展机会，实现更大更好的发展。

中国台湾网记者：日前第 16 届海峡两岸信息产业和技术标准论坛在台湾新竹召开，请发言人介绍一下本届论坛取得的成果。请问两岸在这方面累计取得过哪些合作成果？

马晓光：9 月 17 日至 18 日，中国通信标准化协会、中国电子工业标准化技术协会与台湾华聚产业共同标准推动基金会在台湾新竹共同举办了第 16 届海峡两岸信息产业和技术标准论坛，两岸信息通信业近 300 名代表参加。论坛公布了相关领域的 6 项共通标准、1 份案例汇编和 1 本产业白皮书，达成了 31 项共识，为推动"两岸行业标准共通"做出了新的努力。

标准论坛举办十六届以来，已累计公布 65 项共通标准、5 本案例汇编和 2 本产业白皮书，达成 453 项共识，签署 14 个合作备忘录，成为两岸信息产业和技术标准合作的重要平台，为推动两岸相关领域交流合作和融合发展产生积极影响。

中央广播电视总台央视记者：全国台企联日前发表声明，呼吁两岸航空公司明年年初在两岸航线上增加航班，并提供优惠票价，以利台湾同胞返乡。请问发言人对此做何评价？

马晓光：据了解，应广大会员和台胞的强烈要求，全国台企联日前向两岸航空公司呼吁，明年初在两岸航线上增加航班及提供优惠票价等，为台胞台商返台提供方便。

我们非常理解台湾同胞的心情，希望两岸航空公司及相关单位结合时刻和航线的条件，尽最大努力来保障运力，尽可能多地提供优惠票价，满足广大台胞台商的需求。

《人民日报（海外版）》记者：据介绍，所罗门群岛政府决定与台断绝所谓"外交关系"并与中国建交后，美方官员质疑大陆"策动"所国外交转向，改变两岸现状，并重申支持台所谓的"国际空间"，请问发言人对此有何评论？

马晓光：我们多次重申，坚持一个中国原则是国际关系准则，是国际社会普遍共识，也是中美关系的政治基础。美方于1979年即在一个中国原则基础上同中国建立了外交关系，美方人士指责主权国家与中国建交，这样公开地玩弄"双重标准",难道自己不觉得尴尬吗？

2016年以来，民进党当局单方面否定"九二共识"，推进"台独"活动，煽动两岸敌意，制造两岸对抗，破坏两岸关系，两岸同胞都看得很清楚，难道只有美方人士"视而不见"吗？

美方应切实恪守一个中国原则和中美三个联合公报的规定和承诺，妥善处理涉台问题，以免严重伤害中美关系和台海和平稳定。

香港中评社记者：据台媒报道，台湾驻纽约办事机构有关人员日前获美方邀请进入联合国参与美方主办的相关会议，民进党当局称此为"重大突破"，请问发言人对此有何评价？

马晓光：据了解，这个会议不在联大的议程之内。民进党当局借此做政治文章，自我吹嘘，来欺骗台湾民众。联合国是由主权国家组成的政府间国际组织，台湾是中国的一部分，没有资格加入。联合国长期坚持按照一个中国原则来处理涉台问题，包括台湾方面人士进入联合国相关场所。这一点没有改变，也不会改变。

深圳卫视记者：有两个问题。第一，民进党当局日前称，因为遭到大陆"打压"，无法参与在加拿大蒙特利尔召开的国际民航组织大会，且会影响飞行安全，请问发言人对此有何评论？第二个问题，据报道，蔡英文最近说大陆最怕台湾三件事，一是怕台湾人团结，二是怕台湾的"民主自由"，三是怕台湾强大。请问发言人对此有何评论？

马晓光：第一个问题，台湾是中国的一部分。在台湾地区参与国际组织，包括国际民航组织活动问题上，我们的立场是一贯的，也是明确的，即必须按照一个中国原则来处理。我们相信国际民航组织和有关国家会按照一个中国原则，妥善处理好今年大会期间可能出现的涉台问题。

大陆方面始终重视台湾同胞在民航领域的需求，台湾方面获得国际民航组织标准和建议措施及相关资料的渠道是畅通的。台湾与世界多个城市通航也是便利的。事实证明，台航空安全及其与其他地区的航空往来，与民进党当局是否参与国际民航大会没有关联。

第二个问题，民进党当局领导人这番讲话完全是颠倒黑白。其目的很清楚，就是为了选举需要，来制造"反中""恐中"氛围，谋求一党私利。不值一驳。

台湾 TVBS 电视台记者：三个问题，第一，今天大兴国际机场举行了投运仪式，请问未来两岸或者台湾航空公司有哪些会移往大兴机场？第二个问题，除李孟居外，台湾学者蔡金树据传因"国安理由"在福州被拘留一年多，请问目前李孟居和蔡金树这两个人的状况。第三个问题，李明哲父亲过世，其妻希望李明哲能回台奔丧，请问发言人对此有何评论？

马晓光：第一个问题，北京大兴国际机场正式投运，这是我们在经济民生和民航建设方面取得的又一个成就，机场建设也被誉为"现代世界七大奇迹"之一。我注意到，也受到了台湾媒体和网民的热捧。根据民航方面的有关安排，台湾地区的航空公司可以自由选择是否入驻大兴机场。具体的情况，请您进一步向民航部门了解。

第二个问题，据我们了解，蔡金树因涉嫌从事危害国家安全的活动，于 2018 年 7 月被大陆有关部门依法审查。大陆有关部门已经通知了蔡金树的家属，不存在一些媒体制造的所谓"失联"问题。有关部门严格依法办案，并根据法律规定，保障了蔡金树的各项合法权利。

第三个问题，关于李明哲亲属，他的母亲和妻子昨天已经到湖南赤山监狱探视了李明哲。关于其申请返台奔丧，不符合相关法律规定，狱方也把详细情况告知了家属。

新华社记者：习近平总书记日前在庆祝政协成立 70 周年大会上指出，要坚持一个中国原则和"九二共识"，拓展同台湾岛内有关党派团体、社会组织、各界人士的交流交往，助推深化海峡两岸融合发展，坚决反对任何形式的"台独"分裂活动，引发热议，请问发言人有何评论？

马晓光：习总书记在中央政协工作会议上的讲话，为我们进一步推动两岸关系和平发展、推进祖国统一进程指明了方向和路径。我们要认真学习领会，深入贯彻总书记重要讲话精神，团结广大台湾同胞，努力促进两岸融合发展，促进两岸同胞心灵契合，来推动两岸关系和平发展，推进祖国和平统一进程。

中新社记者：据报道，民进党和岛内一些团体近日将在台北发起所谓的"台港大游行"，响应香港的抗议活动，请问发言人有何评论？

马晓光：近三个月来，发生在香港的激进示威和暴力冲击活动，严重破坏了香港繁荣稳定大局，严重挑战了香港法治和社会秩序，也严重碰触了"一国两制"的原则底线。少数激进分子不断实施暴力活动，甚至公然鼓吹"港独"，激起了海内外中国人的强烈义愤。当前，"止暴制乱、恢复秩序"已经成为香港社会各界最广泛的共识。

民进党当局和"台独"势力为了捞取私利，无视香港和台湾民众的福祉，煽风点火，推波助澜，祸台乱港之心昭然若揭。这次民进党相关负责人再次发出这样的鼓噪，是他们插手介入香港事务、企图搞乱香港的又一铁证，不打自招。

我们再次正告民进党当局和"台独"势力，停止插手香港事务，停止破坏两岸关系的行为，企图火中取栗者，必将玩火自焚。

福建东南卫视记者：民进党当局日前称，将修订"台湾地区公务员及特定身份人员进入大陆地区许可办法"，也就是说，未来岛内公务人员即便只是经大陆转机，也要事先申请和事后通报，请问发言人对此有何评论？

马晓光：两岸开放交流三十多年了，民进党当局却依然在干着破坏两岸交流、损害民众利益的事情。他们的这个政治本性不改，一步步失去民心将是必然的。

人民日报海外网记者：据外媒报道，美国副总统彭斯曾亲自致电所罗门群岛总理索加瓦雷，阻止该国与台"断交"，在拦阻无效后，彭斯拒绝在联合国大会与其会面，美国部分议员还威胁停止对所国的援助，请问发言人有何评论？

马晓光：台湾问题是中国内政。美方公然干涉中国内政，这是不得人心的。美方应切实恪守一个中国原则和中美三个联合公报的规定和承诺，妥善处理涉台问题。

《人民政协报·两岸经合周刊》记者：请问发言人如何评价 70 年来的两岸关系？

马晓光：70 年的两岸关系，是两岸同胞打破隔绝，交流合作日益广泛、相互往来日益密切的历史。截至 2018 年年底，两岸人员往来 1.35 亿人次，其中台湾同胞来大陆超过 1 亿人次；2018 年，两岸贸易额规模达到 2262.5 亿美元；截至 2019 年 7 月，大陆批准台商投资项目超过 11 万个，实际使用台资累计超过 690 亿美元。我们贯彻以人民为中心的发展思想，持续推出惠台利民政策，为广大台胞来大陆生活、工作、学习、创业提供同等待遇，率先让台湾同胞分享大陆发展机遇，促进了两岸融合发展和两岸同胞心灵契合。70 年的两岸关系，是在"九二共识"基础上平等协商，求同存异，改善与发展两岸关系的历史。2008 年以来，两岸双方签署了 23 项协议，实现了全面直接双向"三通"，实施两岸经济合作框架协议下的早期收获计划，给两岸同胞带来了实实在在的利益。截至 2018 年年底，大陆对台累计减免关税约 1552 亿元新台币，台湾共有 56 家金融企业和 1033 家非金融企业利用早期收获优惠政策在大陆提供服务。两岸领导人实现历史性会晤，政治互动达到新高度。70 年的两岸关系，还是反对和遏制"台独"分裂活动、坚定维护国家主权和领土完整的历史，是推动两岸关系和平发展、推进祖国和平统一进程的历史。

两岸关系发展历程充分说明，台湾是中国一部分，两岸同属一个中国的历史和法理事实，是任何人任何势力都无法改变的！两岸同胞都是中国人，血浓于水、守望相助的天然情感和民族认同，是任何人任何势力都无法改变的！台海形势走向和平稳定，两岸关系向前发展的历史潮流，是任何人任何势力无法阻挡的！国家强大、民族复兴、两岸统一的历史大势，更是任何人任何势力都无法阻挡的！

中央广播电视总台央广记者：台对外交往部门日前称，将对瑙鲁、图瓦卢、马绍尔群岛、帕劳等国考量增加所谓"援外经费"，以稳定维持关系，请问发言人对此有何评论？

马晓光：台湾有关部门的举动恰恰说明了是谁在搞"金钱外交"。我想强调的是，坚持一个中国原则是历史大势，是人心所向，势不可挡。世界上越来越多的国家选择与我们建交，这个趋势还会继续发展。

台湾东森新闻记者：请问有哪些台湾人士受邀或确

定参加国庆阅兵庆典活动？有没有台湾人士参演或观赏文艺晚会？

马晓光：国庆是海内外中华儿女团聚的盛大节日。我们会邀请台湾同胞来共襄盛举。国庆期间的几场重要活动都会有台湾同胞参与。

中国台湾网记者：我有两个问题。第一个问题，香港导演杜琪峰退出了金马奖评审团。请问发言人对此有何评论？第二个问题，在台湾就读的一名香港大学生因在宿舍张贴支持"反送中"海报，与大陆室友发生冲突。请问发言人对此做何感想？

马晓光：第一个问题，大陆电影界暂停参加 2019 年金马影展的原因是众所周知的。在这件事情上，我曾指出过，民进党当局和"台独"势力难辞其咎。台湾有人借题发挥，完全是在混淆视听。

第二个问题，据了解，近来有在台湾高校就读的香港学生在校园内公开张贴支持香港暴力活动的贴纸标语，我们坚决反对任何人鼓噪、支持香港的暴力违法活动，希望台湾相关高校制止此类为暴力违法活动张目的行径，并避免大陆学生正常的学习和生活受到任何影响。

发布会到此结束，感谢大家光临。

[发布时间] 2019 年 10 月 16 日

[发 布 人] 马晓光

[发布地点] 国务院台湾事务办公室新闻发布厅

国务院台湾事务办公室
新闻发布会

2019 年 10 月 16 日

10 月 16 日上午 10 时，国台办在新闻发布厅举行例行新闻发布会。发言人马晓光就近期两岸热点问题回答了记者提问。

马晓光： 各位媒体朋友们，大家上午好。今天的发布会现在开始，请大家提问。

新华社记者： 请问各地各部门在推动落实"31 条措施"方面有哪些新进展？近期大陆有没有可能推出新的惠台利民措施？

马晓光： 我们多次向大家介绍，各地各部门持续落实落细"31 条措施"。近期，广西壮族自治区桂林市、山东省德州市、四川省遂宁市分别发布了具体实施意见。截至目前，大陆已经有 102 个地方结合当地实际出台了落实"31 条措施"的具体实施意见，其中包括 28 个省、自治区、直辖市，12 个副省级城市，57 个地级市，1 个市辖区和 4 个县级地方，为台胞台企在大陆发展提供更全面的同等待遇。"31 条措施"的落实不断增加了覆盖面，取得了新的成效。

坚持以人民为中心的发展理念，为台胞台企来大陆生活、工作、创新创业提供更加有利的条件，共享大陆发展机遇，这是我们长期坚持、一以贯之的方针政策。我们将继续广泛听取、认真研究广大台胞台企的诉求，努力为台胞办实事、做好事、解难事，促进两岸融合发展和两岸同胞心灵契合，让广大台胞更有获得感、荣誉感、幸福感，协助台湾同胞实现对美好生活的向往。

海峡之声广播电台记者：请发言人介绍一下今年两岸企业家峰会年会目前的筹备情况。

马晓光：两岸企业家峰会自 2013 年成立以来，已经举办过 6 次年会，持续推动两岸工商界交流对话、密切对接，为促进两岸经济交流合作、推动两岸关系和平发展发挥了积极作用。

2019 年两岸企业家紫金山峰会将于 11 月 3 日至 5 日在南京举办。今年峰会年会以"深化融合发展 打造共同市场"为主题，将举行开幕式、主题演讲、系列专题论坛、大会总结等活动，两岸知名企业家、工商团体负责人、中小企业和青年创业者约 1000 人将与会。目前，各项筹备工作正在有序进行。我在这里也代表主办单位热忱地欢迎两岸媒体朋友们前往采访报道。

中国台湾网记者：据了解，大陆近期新设 4 家海峡两岸交流基地，请介绍有关情况。

马晓光：为创建更多两岸交流合作的平台，给两岸同胞提供更多回顾历史、品味文化、畅叙亲情和共同发展的机会，中共中央台办、国务院台办最近批准在浙江台州椒江区大陈岛、湖北襄阳宜城市张自忠将军纪念馆、福建厦门（集美）闽台研学旅行基地、广西南宁昆仑关战役旧址等 4 个地址新设 4 家海峡两岸交流基地。这 4 家交流基地各具特色，或承载两岸同胞共同的历史，或作为两岸青少年交流的重要场域，已经在两岸交流合作中发挥了重要作用，扮演了重要角色。我们一贯积极倡导加强两岸交流和民间往来，热忱欢迎更多台湾同胞到这些交流基地来参访交流。

从 2009 年至今，中央台办、国台办已经先后在山东、湖北、福建等 23 个省区市批准设立了 75 家海峡两岸交流基地。这些交流基地的设立为扩大两岸交流合作、深化两岸融合发展、实现两岸同胞心灵契合发挥了重要作用。

福建厦门卫视记者：第十二届海峡两岸（厦门）文化产业博览交易会即将举办，请介绍相关情况。

马晓光：第十二届海峡两岸（厦门）文化产业博览交易会将于 2019 年 11 月 1 日至 4 日在厦门国际会议展览中心举办。据了解，本届文博会将设置省市名企、工艺艺术、创意设计、数字影视、文创旅游五大板块，总展览面积 75000 平方米，设立展位约 3500 个，其中台湾企业展位数量占比达 1/3。精心打造了 8 个台湾地区文创主题馆，首次设立超过 6500 平方米的台湾精品展区，涵盖各类台湾特色展商，突出两岸融合成果展示，提升两岸文化经济对接实效。

海峡两岸文博会自 2008 年创办至今，推动两岸文化产业交流和合作，实现了双赢，已经成为海峡两岸文化交流合作和投资交易的重要平台，取得积极成效。本届文博会由中央台办、文化和旅游部、国家广电总局、福建省人民政府共同举办，将举办 30 多场活动、设置 27 个分会场。我代表主办单位对各位媒体朋友到会采访报道表达热烈的欢迎和诚挚的邀请。

中央广播电视总台央视记者：日前台湾当局经济部门称，即使大陆解除 ECFA，对台湾的外贸影响也不超过 5%。请问发言人对此有何评论？

马晓光：《海峡两岸经济合作框架协议》即 ECFA 的签署，顺应了两岸经贸交流与合作的客观需要，是两岸经贸交流 30 多年来互补互利、融合发展的必然结果。自 ECFA 签署以来，在货物贸易早期收获、服务贸易早期收获、投资保护与促进、产业合作、海关合作、中小企业合作等方面都取得了积极进展，为两岸同胞带来了实实在在的好处。以 ECFA 早期收获为例，截至 2019 年 6 月底，在货物贸易领域，大陆对台累计减免关税约 375.3 亿元人民币，远超大陆对台出口享受的减免关税。在服务贸易领域，台湾共有 56 家金融企业和 1158 家非金融企业利用早期收获优惠政策在大陆提供服务，41 部台湾电影被核准引进大陆。

ECFA 后续协议服贸协议签署未生效，货贸协议商谈被迫中断，其中原因大家都是十分清楚的，责任在哪里大家也是心知肚明的。ECFA 及其早收项目的实施，对台湾经济发展的作用如何，对台湾业界影响有多深，对民众福祉的增进有多大，相信大家都有公论。ECFA 得来不易，民进党当局为了捞取选举利益，歪曲事实，刻意贬低抹黑 ECFA 的作用，再次暴露了他们无视并肆意损害台湾民众福祉的政治本质。

中央广播电视总台国广记者：据报道，在香港实施《禁止蒙面规例》以后，民进党当局不顾岛内也有禁止蒙面游行的相关规定，大肆攻击诬蔑香港特区政府，请问发言人对此有何评论？

马晓光：香港特区政府制定并实施《禁止蒙面规例》，合法合理合情，有利于止暴制乱、恢复秩序，极为必要。该规例的实施不影响香港市民依法享有包括游行集会自由在内的各项权利和自由。民进党当局企图破坏香港特区的繁荣稳定，借机捞取政治私利，这套伎俩不会得逞。

福建海峡卫视记者：日前台湾海峡通道及金马通桥专题研讨会在福州召开，两岸专家对福州至马祖、厦门至金门的大桥建设形成了初步方案。台湾陆委会则声称，此举意图"分化"台湾，请问发言人对此有何评论？

马晓光：10 月 13 日，台湾海峡通道暨金门通桥专题研讨会在福州召开。与会两岸专家学者围绕台海通道工程建设模式和经济效益以及福州至马祖、厦门至金门的通桥方案等议题展开交流研讨，分享研究成果。

今年 1 月 2 日，习近平总书记在《告台湾同胞书》发表 40 周年纪念会上重要讲话，提出了两岸要应通尽通，明确可率先实现金门、马祖同福建沿海地区通水、通电、通气、通桥。我们就是要像为大陆同胞服务那样造福台湾同胞。福州至马祖、厦门至金门两桥是"台海通道"的重要组成部分。推进两桥通桥，是践行以人民为中心发展理念，顺应金门、马祖民众民生诉求的重要举措，有利于台湾同胞分享大陆发展机遇，促进两岸经济社会融合发展。大陆有关方面已全面展开榕马大桥和厦金大桥的前期研究论证工作。两岸有识之士就此建言献策，促进尽早通桥，是为了造福两岸同胞。

至于民进党当局，单方面破坏两岸协商政治基础，竭力阻挠两岸经济文化交流合作，站在广大台湾同胞利益的对立面，蓄意限制金马发展，这种心态和做法不得人心。

台湾 TVBS 电视台记者：张忠谋今年将第三次参与 APEC 会议，外界预期将会和中美领导人会晤，请问发言人有何看法。

马晓光：关于台湾地区参加 APEC 相关活动问题，我们的立场始终非常清楚，即必须符合一个中国原则和 APEC 谅解备忘录的有关规定。

台湾中天电视台记者：有台商向媒体反映，在出口大陆货物标签方面遇到一些困难，请问发言人有何看法？

马晓光：我们对两岸贸易中关于产地证、进出口货物标签的管理政策，已行之多年，没有改变。

台湾东森电视台记者：韩国瑜日前提出了"两岸政策白皮书"，里面提到目前不存在所谓统一和"独立"的条件，这一代人无权限制下一代人的选择，新党主席郁慕明批评这种说法是逃避问题，请问发言人有何看法？

马晓光：我们对台大政方针是清楚的、明确的。在这里我再强调两点。一是坚持一个中国原则，是两岸关系的政治基础。尽管海峡两岸尚未统一，但中国主权和领土从未分割，大陆和台湾同属一个中国的事实从未改变。我们已经多次表明，坚持体现一个中国原则的"九二共识"、反对"台独"，两岸关系就会改善和发展，台湾同胞的利益就会得到维护和增进。反之，两岸关系就会遭到破坏，台海形势就会出现动荡，台湾同胞的利益和福祉就会受到损害。二是台湾前途在于国家统一，台湾同胞福祉系于民族复兴。早日实现海峡两岸统一，是海内外中华儿女的共同心愿，我们愿意继续团结广大台湾同胞，推动两岸关系和平发展，推进祖国和平统一进程。

福建东南卫视记者：蔡英文 10 号发表谈话，通篇充斥"大陆威胁台湾，挑战区域稳定和平"的论调，大肆煽动仇视大陆，请问发言人对此有何评价？

马晓光：关于民进党当局领导人 10 月 10 日发表的讲话，我们已经通过书面方式表明了立场。在这里我还要强调，这个讲话充斥着对抗和敌对意识，企图借诬蔑攻击"一国两制"来制造仇视大陆的氛围，压制台湾民众希望发展经济、改善民生、缓和两岸关系的主流民意，牟取选举私利。这篇讲话颠倒黑白，把所有中华儿女追求和平统一、反对"台独"、维护两岸关系和平发展的努力说成是对台湾的所谓"威胁"，迎合西方反华势力，把祖国大陆的发展进步和实现中华民族伟大复兴的进程说成是对区域稳定和平的所谓"挑战"，再次暴露了民进党当局制造两岸对立冲突、破坏台海和平稳定、悖逆岛内求安望治主流民意、与两岸同胞共同利益和中华民族整体利益为敌的"台独"本质。

我们再次正告民进党当局，搞对抗没有出路，谋"台独"更是绝路。损害人民利益、违背民意、逆流而动者，都必将被历史大势所抛弃。

深圳卫视记者：据了解，为了满足广大台胞台商返乡的需求，大陆民航业务技术人员就 2020 年春节加班机事宜和台湾有关方面沟通，但至今没有获得答复，请问发言人对此有何评论？

马晓光：多年来，两岸的交流往来日益密切，人员的往来不断增长。在当前机场时刻、运力等资源十分紧张的情况下，大陆民航主管部门和航空公司尽力为两岸春节加班机增加航班，尽最大可能予以保障。我们希望台湾方面正视台胞返乡的需求，尽快予以积极回应。

中新社记者：据报道，今年"十一"长假赴台陆客人数是近 11 年来的新低，只有以往的 1/3，请问发言人对此有何评价？

马晓光：根据统计，2019 年"十一"黄金周期间大陆居民赴台旅游同比大幅下降。造成大陆居民赴台旅游人数下降的原因众所周知，民进党当局不断鼓噪"台独"活动，不断煽动对大陆敌意，恶化两岸交流气氛，伤害大陆同胞感情，不可能不影响大陆民众赴台旅游的意愿。两岸关系好，台湾才会好。两岸同胞亲情是大陆居民赴台旅游的原动力。我们相信，两岸同胞都希望两岸关系尽早回到和平发展的正确轨道上来，大陆居民赴台旅游能够尽快地回复正常、健康发展局面。

人民日报海外网记者：有台媒报道称，台湾当局 1 月下旬曾致函国际刑警组织主席，诉求以观察员的身份参与今年国际刑警组织大会，但至今未获得回应，请问发言人有何评论？第二个问题，台湾内政部门日前发文诬称香港警察为"黑警"，还声称这些"黑警"将携家眷移民台湾，呼吁慎防。请问发言人有何评论？

马晓光：第一个问题，国际刑警组织是政府间的国际组织，台湾没有资格加入。关于台湾参与国际组织活动的问题，我们的立场是明确的、一贯的，必须按照一个中国原则和国际组织的章程，通过两岸协商来处理。

第二个问题，事实证明，台湾网络上传播的所谓香港警察要移居台湾的消息，是一个不折不扣的假消息。对于这样一个违反基本常识的假消息，民进党当局有关部门负责人却如获至宝，在网站上大肆炒作，结果使自己沦为一个政治笑话。他把维护法律秩序、维护人民生命财产安全的执法者诬蔑为"黑警"，这与他利用个人权位公然庇护"私烟案""高铁失落现金案"等弊案的行为如出一辙，说明他心中只有党派利益，全无法律正义。谁"黑"谁"白"，一目了然。

台湾《旺报》记者：对于美国国务院亚太副助理国务卿孙晓雅于近日赴台参加所谓"太平洋对话"，请问发言人有何评论？

马晓光：我们坚决反对我建交国和台湾地区进行任

何形式的官方往来，这个立场是一贯的、明确的。台湾问题是中国内政，不容任何外部势力干涉。民进党之所以攒这么一个会，是想通过这样一个小动作，来掩饰其两岸政策的失败，对外事务上的困境，骗一些选票而已。

中国台湾网记者：日前有香港电竞选手因宣扬"港独"被竞赛主办方除名，美国 NBA 因火箭队总经理涉港不当的言论，遭到了大陆合作方抵制，蔡英文则称会和所有的球迷、玩家一起守护"民主"和"自由"价值，请问发言人对此有何评论？

马晓光：鼓吹"港独"，支持暴力活动，与所谓"民主自由"毫无关系，而是在公然破坏香港特区的法治。如此颠倒是非，无非是为了捞取选举利益，台湾民众对此看得很清楚。

福建海峡卫视记者：大陆游客怒撕台大挺香港暴徒的海报，被台湾当局强制出境，请问发言人有何回应？

马晓光：在香港发生的激进示威和违法暴力活动，已经激起了香港市民和海内外中国人的强烈愤慨。在台湾校园内公然鼓吹"港独"和支持违法暴力活动，必然遭到所有关心香港、爱护香港的中华儿女的强烈反对和抵制。

环球网记者：据台媒报道，台内政部门统计称，两岸通婚数 2018 年创下有统计以来的最少纪录，出现大退潮趋势，请问发言人有何评论？

马晓光：在台湾生活的大陆配偶，在身份取得、工作权益、学历采认等诸多方面一直受到不合理的对待，给几十万两岸婚姻家庭造成了伤害。民进党当局应当正视两岸婚姻家庭的合理诉求，尽快取消针对大陆配偶的歧视性、排斥性政策。

中新社记者：台防务部门有关负责人日前在美国透露，针对大陆制定了所谓"整体防务构想"，请问发言人对此有何评价？

马晓光：我们多次在发布会上回答过这类问题。对台海和平的最大威胁是"台独"势力及其分裂活动。以武对抗，是一条走不通的绝路，是死路。如果是为了给自己吹哨壮胆，那不如不去走夜路，回到以"九二共识"为基础的两岸关系和平发展的正确轨道上来。只有这样台海局势和两岸关系才会呈现出和平、安宁、祥和、合作的氛围。

环球网记者：岛内近日有一个热词"芒果干"，是在用谐音指代所谓的"亡国感"，蓝绿互相指责是对方在炒作这一话题。也有学者质疑，操作"芒果干"到底能不能掩盖难看的"成绩单"，请问发言人有何评论？

马晓光：大家也都注意到了，正像台湾媒体指出的那样，这个"芒果干"流淌着绿色的血液，是一杯"鸩毒酒"。民进党及其当局蓄意炒作这个话题，制造这样的氛围，旨在煽动两岸对抗，制造两岸敌意，进行选举动员、捞取选举利益。对于这种欺骗伎俩，希望广大台湾同胞，特别是年轻人不要上当，更不要随之起舞。

今天的发布会到此结束，感谢大家光临。

［发布时间］2019 年 10 月 30 日

［发 布 人］马晓光

［发布地点］国务院台湾事务办公室新闻发布厅

国务院台湾事务办公室
新闻发布会

2019 年 10 月 30 日

10 月 30 日上午 10 时，国台办在新闻发布厅举行例行新闻发布会。发言人马晓光就近期两岸热点问题回答了记者提问。

马晓光： 各位媒体朋友，大家上午好！欢迎大家来参加发布会。下面我接受大家提问。

新华社记者： 2019 两岸企业家紫金山峰会即将举行，请问本届峰会有哪些特色？

马晓光： 2019 年两岸企业家紫金山峰会将于 11 月 3 日至 5 日在南京举办，两岸企业家报名出席本届峰会十分踊跃。目前已有 40 多家央企和一批知名民营企业报名参会，台湾方面主要工商团体的负责人以及一批重量级企业家也已完成报名。峰会期间，还将举行两岸产业交流合作协议及项目签约，预计合作成果将超过往届。本届峰会还将举办海峡两岸经济合作园区及"一带一路"园区建设展、江苏省台湾青年实习就业创业成果展。

值得一提的是，江苏各地各部门高度重视"31 条措施"的贯彻落实工作，已经取得一系列具体成果。全省共有近 1100 家台资企业享受高新技术企业税收优惠政策，合计减免企业所得税 31.3 亿元人民币。淮安实联化工电子特化品、淮安庆鼎精密电子多层柔性线路板、南京台积电项目被认定为江苏省 2019 年重大项目，享受同等政策优惠支持。为给台湾青年圆梦大陆提供更多便利，今年江苏推出了"台湾青年 2019 江苏省实习专项扶持计划"，在苏台湾实习生总数突破千人，122 名优秀台湾青年代表获得奖学金和助学金。台湾同胞在苏生活更加便利，近万名台湾学生在江苏各级各类学校就读，省内 92 家医院被认定为台商定点就诊医院，超过 3300 名台胞在苏参加企业职工基本养老保险。今年共有 6 名台胞荣获江苏省"五一劳动奖章"，30 家台资企业获得江苏省人民政府颁发的江苏省"紫峰奖"。

深圳卫视记者：陈同佳刑满出狱表示愿赴台自首后，民进党当局处理此案的态度和说法前后不一，一变再变，充满了政治操作。请问发言人对此有何评论？

马晓光：大家已经注意到，香港特区政府已就此多次发表声明并正在处理有关事件。民进党当局不要再进行政治操作。

中央广播电视总台国广记者：针对舆论关注 ECFA明年届满 10 年是否将面临终止，台陆委会日前称，不乐见大陆因政治因素停止落实两岸有关协议，请问发言人对此有何评论？

马晓光：ECFA 签署以来，大陆方面切实履行承诺，保障 ECFA 顺利生效实施。截至 2019 年 6 月底，货物贸易早期收获产品，大陆对台累计减免关税约 375.3 亿元人民币。特别值得指出的是，早期收获产品清单给岛内中小企业以及农渔民带来了实实在在的巨大利益。从 2010 年到 2018 年，早收清单中台湾对大陆出口农产品增长了两倍，大陆已成为台湾农产品外销的第一大市场。

早期收获计划的降税安排与开放措施仅仅占两岸贸易与市场开放的一小部分。遗憾的是，由于众所周知的原因，ECFA 后续服务贸易协定签署未能生效，货贸协议商谈被迫中断，ECFA 无法惠及更多台湾同胞。谁在为两岸同胞和两岸业者谋福祉，谁为谋取政治私利而损害两岸同胞和两岸业者的利益，一目了然。

中新社记者：台陆委会称，其所做民调显示，27.7%的受访者支持所谓的台湾"独立"，89.3%的受访者不赞成"一国两制"，请问发言人对此有何评论？

马晓光：陆委会在当前时机选择性公布渲染这样一份所谓的民调，其目的是什么，相信大家都很清楚。陆委会制造数据的能力，大家也都很清楚。企图通过升高两岸对立对抗来谋取选举私利，不可能得逞。

福建厦门卫视记者：日前岛内有绿媒在炒作，今年金鸡奖和金马奖撞期，大陆暂停影片和人员赴台参加金马奖，是大陆的"打压"行为，请问发言人对此有何评论？

马晓光：我们已经多次表明，民进党当局不断制造事端破坏两岸关系，干扰两岸交流，这是大陆电影业界暂停参加2019年金马影展的唯一和根本原因。

中国台湾网记者：据报道，刘若英等台湾电影人及相关作品入围今年电影金鸡奖，这是"31条措施"发布实施后，首次有台湾影人和合拍作品报名及入围金鸡奖，请问发言人对此有何评论？

马晓光：中国电影金鸡奖创建于1981年，是由中国文联和中国电影家协会主办的全国性评奖活动，被称为中国电影的"专家奖"。自2005年开始，香港、澳门和台湾地区的电影人可以参评中国电影金鸡奖，历年金鸡奖已有多位台湾影人获得奖项和提名。

今年台湾影人及其作品参评金鸡奖并获得提名，是落实"31条措施"中有关鼓励两岸合拍电影、电视剧，"支持经济科技文化社会领域各类评奖项目提名涵盖台湾地区"相关措施的又一体现。我们对他们获得提名表示祝贺。大陆方面将一如既往地鼓励两岸电影人加强合作，促进两岸影视产业共同发展，做大做强属于中华民族的电影事业，携手弘扬中华文化。

台湾中天电视台记者：昨天台立法机构民进党党团临时变更议程，把多个"中共代理人"法案通过"一读"交付"内政委员会"。如果根据民进党的版本，未来台湾民众到大陆开会或者签署相关声明，可能会判三年以下徒刑。请问发言人有何看法？另外，发言人对"中共代理人"这个名词如何评论？

马晓光：所谓"中共代理人修法"就是"白色恐怖"死灰复燃，其目的在于全面煽动两岸对抗、制造两岸敌意，打击持不同立场的党派团体人士，恐吓、惩罚参与两岸交流的台湾民众，钳制岛内的批评舆论，完全是出于一党一己之私，已经遭到台湾社会各界的强烈反对。我们再次正告民进党当局，必须悬崖勒马。

台湾东森电视台记者：两个问题。一是，近日前韩国瑜和蔡英文针对两岸关系各有说辞，请问对他们的说法有何看法？第二个问题，大陆与新加坡签署了"国防交流与安全合作协定"，大陆是否会要求新加坡终止与台湾的"星光计划"？

马晓光：先回答第二个问题，有关中新两国国防交流和安全合作的事宜，请你向国防部咨询。在涉台问题上，我们的立场是一贯的、明确的，即坚决反对台湾与我建交国进行任何形式的官方往来和军事联系。

第一个问题，世界上只有一个中国，大陆和台湾同属一个中国，中国的主权和领土完整没有分割也不容分割。在这样一个框架下，两岸应该坚持"九二共识"，秉持民族情、同胞爱来推动各领域交流合作，平等协商解决彼此的分歧和问题。我想，这是两岸关系正确的相处之道。两岸关系发展历程，已从正反两方面都提供了这样的实例。台湾任何负责任的政治人物都应该把真实情况和道理如实告诉台湾年轻人，只有在"九二共识"基础上，两岸关系的发展才能够可长可久、共创双赢。

海峡之声广播电台记者：近来民进党当局频频干扰

两岸学校间的交流，陆委会和教育部门还声称，将研议各级学校赴大陆交流相关通报机制。请问发言人对此有何评论？

马晓光：近一段时间，民进党将阻挠、限制两岸交流合作的"黑手"伸向了校园。他们频频放话，以各种说辞干扰、限制两岸学校间的正常交流，企图剥夺台湾师生的交流权益，继而损害他们的利益。加强两岸民间交流和人员往来是两岸同胞的共同愿望，也是台湾的主流民意，这是任何力量都阻挡不了，也禁锢不住的。

台湾东森新闻记者：北京香山论坛刚刚落幕，陆委会称，香山论坛已经变成"批美吓台的场域"，请问有何评价？

马晓光：陆委会的说法完全是一派胡言。北京香山论坛自 2006 年创办以来已经召开九届，成为大陆主办的规格最高、规模最大的"一轨半"的安全对话平台，达到了增进安全互信、沟通政策立场、引领安全对话、促进交流合作的目的，有助于地区国家间增进相互了解和互信，减少误解和误判。大陆和台湾同属一个中国，在"九二共识"基础上维护两岸关系和平发展，是台海和平稳定的保障。"台独"分裂势力及其活动才是台海和平稳定的最大威胁，反对和遏制"台独"才能维护台海和平，维护亚太地区繁荣稳定，维护两岸同胞的根本利益。我要纠正一下陆委会的错误说法，反对遏制"台独"不是在恐吓台湾。

福建海峡卫视记者：在台湾连续被所罗门群岛与基里巴斯所谓"断交"之后，日前圣文森特和格林纳丁斯也亮起了红灯，请问发言人对此有何评论？

马晓光：坚持一个中国原则是国际社会的普遍共识，也是人心所向，大势所趋，这个趋势还会发展。具体情况请向外交部询问。

福建东南卫视记者：两个问题。第一个问题，民进党当局上台后篡改历史课纲引发岛内不满。请问发言人对此有何评价？第二个问题，美国副总统彭斯24号发表亲台言论，称要和台湾站在一起，台对外交往部门对此表示感谢，请问发言人对此有何评论？

马晓光：先说第一个问题，民进党当局和"台独"势力主导推出的所谓"新课纲"，数典忘祖，美化殖民统治，企图割裂两岸的历史和文化连接，充斥着"去中国化"的内容，不仅荼毒台湾年轻一代，更进一步破坏两岸关系，加剧两岸对抗，必然遭到台湾社会的强烈反对。

第二个问题，关于美国彭斯先生的这篇讲话，外交部已经全面表明了我们的立场。民进党当局挟洋自重、甘当棋子，令人不齿。台湾问题是中国内政，不容外国势力插手干涉。我们希望美方切实恪守一个中国原则和中美三个联合公报规定，妥善处理涉台问题，不要向"台独"势力发出错误信号。

《北京日报》记者：10月24日两艘大陆船只及28名船员被台湾当局以"越界"为由进行扣押，请问发言人对此有何评论？

马晓光：我们正在关切事件的发展。台湾有关部门应当保障当事人的正当权益，妥善处理此事。

《人民政协报·两岸经合周刊》记者：日前李登辉企图通过支持蔡英文连任，而谋求所谓"台独""宪改"，请问发言人对此如何评价？第二个问题，台陆委会负责人日前针对修改课纲辩称，台湾地区中小学历史教科书修编并非官方主导，完全是民间行为。对此发言人有何看法？

马晓光：先回答第二个问题，陆委会的说辞是一种掩饰和借口，是此地无银三百两。在精心谋划、逐步推动"去中国化"的"台独"活动中，民进党及其当局就是幕后黑手。他们的狡辩和抵赖是无用的，大家都看得很清楚。

回到第一个问题,我们已经多次表明,坚决反对以所谓"修宪""正名"等方式来改变台湾是中国一部分的地位。李登辉的主张,碰触了全体中华儿女的底线,是不可能得逞的。

中央广播电视总台央广记者:"双十一"即将来临,全新上线的网购平台"淘宝台湾"近日正式落地入岛,民进党当局称这是陆资绕道来抢占市场,一定要撤查,请问发言人对此有何评价?

马晓光:自 2009 年"双十一"电商购物节首创以来,每年 11 月 11 日已经成为全民购物盛宴,也获得了台湾民众和企业的热烈响应和踊跃参与。此次"淘宝台湾"在岛内上线就地服务台湾民众和企业,并在今年"双十一"给予消费者诸多优惠。我们乐见广大台湾民众获得实实在在的好处和利益。

民进党当局从来不把人民的利益当回事,处处断路、挖坑、筑墙,除了损害台湾同胞的利益福祉,不会有任何效果。

台湾《旺报》记者:美国联邦参议院今天通过"台北法案",要求美国行政部门采取积极行动支持台湾,请问发言人对此有何评论?

马晓光:我们坚决反对美方通过一系列所谓的涉台

法案来插手台湾问题、干涉中国内政，这一立场是明确的、一贯的。台当局发展所谓的"外交"关系，不过是痴人说梦，是永远不可能实现的。美国打"台湾牌"，民进党当局甘当棋子，最终损害的是台海地区的和平，损害的是两岸同胞特别是台湾同胞的利益。

中央广播电视总台国广记者：我们注意到，中国营商环境跃居全球第 31 位，这对广大台企来说将有哪些机遇？

马晓光：我也注意到了这个消息。大陆营商环境的进一步改善，有利于我们进一步扩大开放，吸引更多的外商外资来大陆投资发展。当然也包括为台湾同胞来大陆投资创业提供更好的条件。

深圳卫视记者：日前国务院公布了《中华人民共和国外资保险公司管理条例》（以下简称《外资保险公司管理条件》）和《中华人民共和国外资银行管理条例》（以下简称《外资银行管理条例》）修改内容，这些修改内容是否适用于台资金融企业，对于台资金融服务业会有怎样的影响？

马晓光：10 月 15 日，国务院公布关于修改《外资保险公司管理条例》和《外资银行管理条例》的决定。通过此次修订，放宽了外资保险公司和外资银行的准入条件，将进一步加快金融业对外开放进程。例如，修订的《外资保险公司管理条例》，降低了申请在大陆设立外资保险公司的条件，取消了外国保险公司经营保险业务30年以上的要求。修订的《外资银行管理条例》，降低了外商独资银行、中外合资银行的设立门槛，放宽了对外资银行的业务限制。

上述开放举措，同样适用于台资金融机构，将为台资金融机构分享大陆发展成果提供难得机遇。

中国台湾网记者：有两个问题。第一个问题，台"调查局"日前称，脸书上两则涉及蔡英文的消息是"假讯息"，其发布者为大陆人士，将要求脸书下架，并且借机继续指责攻击大陆，请问发言人对此有何评论？第二个问题，请发言人介绍第二届进博会涉台方面筹备工作进展，台商、台企参展情况如何？

马晓光：第一个问题，据了解，这两则消息来源于个人粉丝专页，是作者个人对台湾社会的观察解读。民进党及其当局为操纵选举，转移民众批评，总是把矛头转向大陆，来造谣抹黑，这是他们惯用的手法。

第二个问题，目前第二届进博会的各项筹备工作正在有条不紊地进行。今年台湾企业报名参展十分踊跃，数量较去年有大幅增加。我们愿意在进博会的大平台上推介台资企业的产品，为台企产品拓展内销市场提供便利，争取参展台商、台企有实实在在的收获。

今天的发布会到此结束，感谢大家光临。

[发布时间] 2019 年 11 月 13 日
[发 布 人] 马晓光
[发布地点] 国务院台湾事务办公室新闻发布厅

国务院台湾事务办公室
新闻发布会

2019 年 11 月 13 日

11 月 13 日上午 10 时，国台办在新闻发布厅举行例行新闻发布会。发言人马晓光就近期两岸热点问题回答了记者提问。

马晓光：各位媒体朋友，大家上午好！发布会现在开始，请大家提问。

新华社记者：党的十九届四中全会决定专条阐述"坚持完善'一国两制'制度体系，推进祖国和平统一"，请发言人予以解读，将如何贯彻落实？

马晓光：党的十九届四中全会审议通过的《中共中

央关于坚持和完善中国特色社会主义制度　推进国家治理体系和治理能力现代化若干重大问题的决定》，把"坚持和完善'一国两制'制度体系，推进祖国和平统一"作为坚持和完善中国特色社会主义制度、推进国家治理体系和治理能力现代化这一全党重大战略任务的重要组成部分，明确新时代坚持和完善"一国两制"制度体系、推进祖国和平统一的目标任务，充分彰显坚持"一国两制"、推进祖国和平统一的强大制度优势，为新时代推进祖国和平统一进程提供了坚实的制度保障。

我们要深入学习领会贯彻党的十九届四中全会决定，全面贯彻落实习近平总书记关于对台工作的重要论述，特别是今年1月2日的重要讲话精神，充分发挥中国特色社会主义制度优势，奋发有为做好新时代对台工作，推进两岸关系和平发展，坚定推进祖国和平统一进程。

我们将坚持以人民为中心的发展思想，从台湾同胞尤其是基层民众的现实需求出发，持续完善促进两岸经济文化交流合作，深化两岸融合发展，保障台湾同胞福祉的制度安排和政策措施。继续在更大范围、更宽领域为台湾同胞来大陆学习、生活、工作、创新创业提供同等待遇，为台胞台企广泛参与大陆经济建设，率先分享大陆发展机遇创造更加有利条件。积极推进两岸经济合作制度化，打造两岸共同市场，并在推动两岸应通尽通、福建沿海地区同金门马祖"小四通"等方面加强顶层设计，出台相关政策。

我们将坚持寄希望于台湾人民的方针，一如既往地尊重、关爱、团结和依靠台湾同胞，扩大民间交流，增进相互理解，拉近心理距离，实现心灵契合，团结广大台湾同胞共同反对"台独"、促进统一。

我们将继续同台湾各党派、团体和人士在坚持"九二共识"、反对"台独"的基础上，就两岸关系和民族未来开展对话沟通，广泛交换意见，寻求社会共识，在聚同化异中逐步解决两岸长期存在的政治分歧问题，推动两岸就和平发展达成制度性安排。

新中国成立70年来，在两岸同胞的共同努力下，台海形势从紧张对峙走向缓和改善、进而走上和平发展道路，两岸关系不断取得突破性进展，两岸命运共同体成为日益生动的现实。今天我们比历史上任何时候都更接近、更有信心和能力实现中华民族伟大复兴的目标，也更有能力、更有条件推进祖国统一。台湾问题因民族弱乱而产生，也必将随民族复兴而终结。

《人民日报（海外版）》记者：日前国台办联合相关部门出台了"26条措施"，引发舆论热议。请问当前出台"26 条措施"的背景和意义何在？民进党当局炒作这一话题来售卖"亡国感"，您对此有什么看法？

马晓光：我们出台进一步促进两岸经济文化交流合作的"26 条措施"，旨在贯彻习近平总书记 1 月 2 日重要讲话精神，完善促进两岸交流合作、深化两岸融合发展、保障台湾同胞福祉的制度安排和政策措施，让更多台湾同胞能率先分享大陆发展机遇，为台胞台企提供更多的同等待遇。

"26 条措施"宗旨与"31 条措施"一脉相承，都是在对台工作中贯彻以人民为中心的发展思想，对台湾同胞一视同仁，像为大陆百姓服务那样造福台湾同胞的生动体现。

"26 条措施"涉及为台湾企业提供同等待遇的措施 13 条，包括台资企业同等参与重大技术装备、5G、循环经济、民航、主题公园、新型金融组织等投资建设，同等享受融资、贸易救济、出口信用保险、进出口便利、标准制定等政策，支持两岸青年就业创业基地和示范点建设等；涉及为台湾同胞提供同等待遇的措施 13 条，包括为台湾同胞在领事保护、农业合作、交通出行、通讯资费、购房资格、文化体育、职称评审、分类招考等方面提供更多的便利和支持。

"26条措施"都是"真金白银"的措施，给台湾同胞带来更大的发展机遇、更大的利益福祉，这对增进台湾同胞的利益来说是一件好事。民进党当局应该把台湾同胞的冷暖疾苦放在心上，不要用一种泛政治化的观点来进行解读，甚至对台湾同胞进行恐吓、惩罚，这样做不符合民心。如果他们真要搞政治操作的话，他们应该懂得，人民的利益和民心所向才是最大的政治。

　　中国台湾网记者：针对"26条措施"提出台资企业可参与大陆5G网络建设和应用，台"通讯传播委员会（NCC）"表示不赞同台业者前往大陆参与5G建设，并且提出了诸多限制，请问发言人对此有何评论？

　　马晓光：5G作为新一代移动通信技术，受到全世界高度关注。大陆信息通信市场规模庞大，5G产业发展前景广阔，将为台湾相关企业发展带来新的巨大商机。市场和机遇在哪里？相信台湾业者有自己的判断。我们欢迎台资企业参与大陆5G网络建设和应用，共享5G的发展机遇。

　　福建海峡卫视记者：据报道，台陆委会日前称，"31条措施"发布实施以来，对台湾的实际影响不明显，还称近期台商大举回台投资，赴大陆投资减少，赴大陆工作的人数也将减少，请问发言人对此有何评论？

马晓光："31 条措施"发布一年多来，102 个地方结合当地实际先后出台了具体的实施意见，为台胞台企发展提供同等待遇和更加便利的条件。大批台企在税收优惠、资金补助、参与重大行动计划和研发项目、参与基础设施建设等方面都有了"真金白银"的收获。大批台胞在职业资格考试、申请各类基金和人才计划、获评荣誉称号、就业生活等方面得到了更多的机会和便利。

今年前三季度，台商在大陆投资项目和实际使用金额同比分别增长 11.2% 和 39.6%，这表明大陆仍然是广大台商台企投资兴业的最佳选择。大陆的市场容量足够大，劳动者素质足够高，产业条件足够好，政府足够敬业负责。任何一个尊重实际情况、愿意抓住机遇的企业都会承认这一点。我们欢迎更多的台胞台企来大陆发展，共享大陆发展机遇和红利。

深圳卫视记者："26 条措施"当中提出，台湾同胞可以在我驻外使领馆寻求领事保护与协助、申请旅行证件，目前台胞可以申请哪些旅行证件？台湾陆委会称，大陆借此"矮化"台湾所谓"主权"，请问发言人对此有何评论？

马晓光：台湾同胞是我们的骨肉兄弟。维护台湾同胞在海外的合法正当权益是我们义不容辞的责任。回顾一下近几年，当利比亚发生战乱的时候，当新西兰发生地震的时候，当日本发生洪水灾害的时候，台湾同胞生命财产安全受到威胁，孤立无援，甚至走投无路，伸出援手对于我们来说责无旁贷。同胞同胞，一奶同胞，这就是同胞的含义。同样，当台湾同胞在海外旅游、留学、生活、就业遇到证件丢失的困难，我们驻外使领馆也会理所当然地为他们提供帮助。面对这样的同胞救助之举，民进党当局还要风言风语、横加指责。我们要问，他们心里还有没有台湾民众的利益？当然，他们这种目无百姓的言行是一贯的，一点也不奇怪。我们维护海外同胞权益的工作也不会因此而停止，今后还会做得更好、更努力。

至于海外台胞在中国驻外使领馆申请旅行证件和办理手续的相关具体问题，请你参考"26 条措施"的相关内容，同时也可参考我们驻外使领馆网站或者拨打中国领保公开的咨询电话。

香港中评社记者：据报道，《区域全面经济伙伴关系协定》（RCEP）有望明年签署，民进党方面称，台湾未来参与的机会不大。有岛内舆论认为，这将影响台湾的出口贸易。请问发言人对此有何评论？

马晓光：2008 年到 2016 年，两岸双方在坚持"九二共识"、反对"台独"的共同政治基础上推动两岸关系和平发展，在各方面都取得了丰硕成果。事实上，在两岸经济共同发展与区域经济合作进程相衔接的问题上，台湾方面曾经有过机遇，是民进党当局一手破坏了这样的局面。随着 RCEP 即将签署和实施，民进党当局破坏两岸关系、损害台湾经济的恶果会进一步显现。

福建厦门卫视记者：第二届进博会已经落幕，请发言人介绍一下台湾企业参展的情况。

马晓光：11 月 5 日至 10 日，第二届中国国际进口博览会在上海取得圆满成功。展会期间，共有 124 家台湾企业参加企业商业展，较去年增加了 72%。参展的产品分布在科技生活、汽车、装备、医疗器械和医药保健、品质生活、服务贸易、食品及农产品等全部 7 个展区。

为进一步协助台湾企业开拓大陆市场，国台办还和商务部有关司局共同举办了台湾名优食品推介对接会，吸引了 70 余家台湾名优食品企业，大陆多家电子商务平台以及来自福建、广东、上海、湖北等省市的 60 余家线下食品代理商与经销商参与了活动。在对接会上，大陆电商企业与多家台湾企业签署了战略合作协议。

中央广播电视总台国广记者：请发言人介绍 2019 两岸企业家紫金山峰会取得的成果。

马晓光： 11 月 4 日至 5 日，2019 两岸企业家紫金山峰会在南京成功举办，中共中央政治局常委、全国政协主席汪洋出席峰会并发表重要讲话，对外宣布出台惠台利民的"26 条措施"。两岸各界高度评价汪洋主席的重要讲话，认为讲话充分体现了大陆全心全意为台湾同胞办实事、做好事、解难事的真诚意愿，必将为广大台胞台企在大陆发展提供更多的便利和支持，增进两岸同胞的亲情和福祉，促进两岸融合发展。

本届峰会参会人数创历史新高，1300 余位两岸知名企业家、工商团体负责人、中小企业和青年创业者、专家学者与会，围绕"深化融合发展打造共同市场"这个主题进行交流研讨，取得丰硕成果。两岸企业在农业、能源、电子、医药、金融、智能制造、文创及服务业、中小企业等领域达成 47 项合作协议，意向签约金额155.21 亿元人民币。这充分表明，两岸经济交流融合的大势任何力量都压制不住，两岸民众同根同源的亲情纽带任何力量都割裂不断，两岸各界扩大深化交流合作任何力量也都阻挡不了。

中新社记者： 明年春节前夕，恰逢台湾地区进行两项选举，广大台胞台商希望能够延长春节加班机的执行时间，但却遭到台湾民航主管部门的拒绝。有岛内舆论质疑，民进党当局意图阻挠台商返台投票，请问您对此有何评论？

马晓光：最近全国台企联和有关地区的台商协会向民航部门提出，鉴于明年春节前夕恰逢台湾地区两项选举，届时有大批大陆台胞往来两岸，希望能够延长 2020 年春节加班机的执行时间，以充分满足台胞返乡的需求。

我们认为，全国台企联及广大台胞提出的延长 2020 年春节加班机执行时间的建议合情合理，我们也愿意尽最大努力提供协助。尽管春运是大陆航空运输最繁忙的时候，大陆民航主管部门仍然克服困难，积极回应台胞诉求，鼓励两岸航空公司为台胞返乡提供各种便利。同时多次就适当延长春节加班机的执行时间问题与台湾方面沟通。

据了解，台湾民航主管方面已经明确拒绝了延长春节加班机执行时间。对于民进党当局罔顾民众诉求，漠视台胞返乡需求的做法，我们确实感到很不理解。希望他们多听听台商台胞的反映，拿出符合民众期待的态度和做法，不要再蓄意设置障碍，影响广大台胞顺利返乡。

福建东南卫视记者：据台媒报道，美国国务卿蓬佩奥日前称，过去美方为与中国大陆关系正常化，为和平解决台湾问题，长期将与台湾关系"降级"，这是在抛弃美国价值观、西方民主等。请问发言人对此有何评论？

马晓光：大家都已经注意到，外交部已经全面系统地表明了我们的严正立场。

在这里我想强调，世界上只有一个中国，台湾是中国一部分，这是国际公认的铁一般的事实，不是美国某些政客凭借自己的偏见和错误逻辑就可以改变的。我们敦促美方恪守一个中国原则和中美三个联合公报有关规定，慎重妥善处理涉台问题，以免损害中美关系和台海地区的和平稳定。

中国台湾网记者：请问发言人，"26 条措施"与此前出台的"31 条措施"相比有哪些主要特点？

马晓光：关于"26 条措施"，海峡两岸媒体都做了充分和广泛的报道。我愿意借此机会再做一些解读。

"26 条措施"既与"31 条措施"在让台胞台企分享发展机遇、为他们提供同等待遇方面一脉相承，又具有以下几个新特点：

一是紧扣经济社会发展热点。如第 2 条围绕 5G 这一产业热点，将积极支持两岸企业就 5G 产业开展交流合作，欢迎台资企业参与大陆 5G 建设，共享大陆 5G 商机。第 9 条明确台企可依法向主管部门申请采取贸易救济措施，与大陆企业同样享受这些贸易救济措施保护，维护自身合法权益。第 16 条围绕大陆近年来兴起的网约车、共享单车、共享汽车等交通运输新业态，为台湾同胞在大陆的差旅、探亲和工作通勤等提供更多出行选择和便利。

二是进一步回应台胞台企重点关切。如第 8 条针对台企特别是中小微台企存在的融资难、融资贵等问题，在申请政府性融资担保基金、拓展直接融资渠道等方面提出解决办法。第 10 条支持台企同等利用短期出口信用保险、中长期出口信用保险和海外投资保险等保险产品，保障出口收汇和降低对外投资风险。第 23 条为满足台湾学生渴望来大陆上大学的诉求，将不断优化院校和专业布局，提高中西部院校比例，为台湾学生来大陆创造更多学习机会和良好学习环境。

三是含金量进一步提高。如第 1 条支持台企同等参与重大技术装备和四类"中心"建设，助推台企加快科研创新，融入高质量发展。第 21 条支持从事专业技术工作的台胞参与职称评审，并认可其在台湾地区参与的项目、取得的成果、从事技术工作的年限等。

四是受惠面进一步扩大。如第 13 条面向台湾青年，将助推 76 个海峡两岸青年就业创业基地和示范点享受更多政策优惠。第 14 条面向海外台胞将在职责范围内为在海外遭遇自然灾害、意外事故等突发安全事件的台胞提供积极协助，同时受理海外台胞申请办理各类旅行证件等事务。第25、26条面向台湾运动员、教练员，将为他们在大陆参加体育比赛和职业联赛、开展学习交流等打造更好环境和条件。

五是充分体现先行先试。如第17条积极落实习近平总书记"努力把福建建成台胞台企登陆的第一家园"的重要指示，在福建先行先试开展通信资费优惠试点工作，对台胞使用大陆移动电话业务给予资费优惠。

具体内容大家可以再详细阅读。

台湾东森电视台记者：台湾师范大学退休教授施正屏，据传去年8月在大陆"失联"，目前关押在北京。包括之前的蔡金树和李孟居等人都"失联"，但也没说具体犯了什么案。请发言人予以说明。

马晓光：你举的三个案例，都是因为当事人从事涉嫌危害国家安全的活动，被大陆有关部门依法审查。据了解，有关部门严格依法办案，已经通知了他们三位的家属，并根据法律规定保障他们各项合法权利。蔡金树、施正屏的案件已经进入审判程序。大陆方面一直依法打击危害国家安全的犯罪活动，这是正常的执法行为。

台湾《中国时报》记者："26条措施"里提到关于

体育比赛和运动员的内容。请问发言人，台湾运动员如果想到大陆发展，可以加入国家队吗？是否需要放弃台籍？

马晓光：刚才我也介绍了，在"26 条措施"中第25、26 条都明确规定，我们欢迎台湾运动员来大陆参加全国性体育比赛和职业联赛。台湾运动员可以内援身份参加大陆足球、篮球、乒乓球、围棋等职业联赛。符合条件的台湾体育团队、俱乐部也可以参与大陆相关的职业联赛。大陆体育部门将对运动员技术等级管理办法进行修订。对于台湾运动员和体育爱好者如其参加大陆体育赛事、达到相应运动技术等级标准并提出申请，大陆单项运动协会将向其授予运动员技术等级证书。

至于你提到的这个问题，在"26 条措施"里没有明确规定，不在"26 条措施"政策范围之内。

台湾《联合报》记者：两岸关于明年春节加班机延长时间事说辞不同，台"民航局"和陆委会称，大陆的说法与事实不符，已循惯例联系处理两岸春节加班机安排。请发言人介绍明年加班机事宜的协商状况。

马晓光：目前不存在说法不同的问题。因为事实只有一个，对于在大陆要求返乡的台商提出的 2020 年延长春节加班机时间的诉求，台湾民航主管部门已经明确拒绝，这是板上钉钉的事，不存在各执一词。如果台湾方面说没有拒绝，还在考量，当然很好，希望他们尽快与我们民航主管部门商定具体时间。

台湾 ETtoday 东森新闻云记者：继续问一下"26 条措施"问题，之前台湾经济部门提到"26 条措施"相关内容属于"欺骗"，台湾方面会在两周内提出所谓的因应之道，还将对台商台企到大陆投资进行更严格审查。请问对这方面发言人有何回应？

马晓光：是不是欺骗，不是他说了算，是广大受惠的台商台胞说了算。如果说欺骗，他们对"26 条措施"从各种角度混淆、诬蔑、抹黑才是在欺骗台湾民众。既然他们认为"26 条措施"是虚的，不可怕，那为什么要制定那么多所谓反制措施予以反制呢？这种逻辑显然是自相矛盾的。民进党当局用一些所谓的"因应之道"对台湾同胞采取限制措施，这就是在损害台湾民众的利益，就是在坏台湾同胞的好事。他们的这种做法，与台湾同胞的根本利益是相违背的，不会得到台湾同胞的认同。

《人民政协报·两岸经合周刊》记者：金鸡百花电影节马上就要举行了，请问发言人，大概有多少位台湾电影人会参与这次电影节？

马晓光：这个情况我现在不掌握。金鸡百花电影节是由中国电影家协会主办，具体情况请你向他们了解。

人民日报海外网记者：第一个问题，有香港警员 11 日向一名抢夺警察配枪的暴徒开枪，蔡英文借此指责港府不该对手无寸铁的人民开枪。还称，期盼台湾能够成为香港的坐标。请问发言人有何评论？第二个问题，台对外交往部门负责人吴钊燮日前接受专访时声称，如果大陆经济增长放缓成为严重问题，台湾需要为未来最坏的情况做准备，也就是军事冲突。请问发言人有何评论？

马晓光：先回答第一个问题。实际上，民进党当局从一开始就在拿香港局势进行政治操弄。我劝他们好好读一读香港特区政府和警方的完整说明，睁大眼睛好好看一看暴徒当街淋烧普通市民的画面，不要继续为了政治私利而颠倒黑白、混淆视听。他们应该做的是，立即缩回伸向香港的黑手。

第二个问题，吴钊燮的说辞完全是无稽之谈，近乎胡说八道。在当前复杂的世界经济形势下，大陆经济发展风景依然独好，这不是吴钊燮之流能够唱衰的。反观民进党当局，对岛内的经济困境粉饰遮掩，根本无视台湾民众的实际感受和台湾经济民生下滑的实际状况。我们坚定奉行和平统一的方针政策。民进党当局不断推进"台独"活动，煽动两岸敌意，制造两岸对抗，这才是台海和平稳定的最大威胁。近来，他们为了捞取选举利益，不断编织各种谎言恐吓、威胁、误导台湾民众，两岸同胞都要保持高度警惕，不要被他们轻易误导。

香港中评社记者：马英九近日在牛津辩论社表示，台湾应对统一问题保持开放选项，应坚持在台湾人民做好准备的前提下展开统一对话，请问发言人对此有何回应？

马晓光：实现祖国的完全统一是中华儿女的共同愿望，是中华民族的根本利益所在。我们将继续团结广大台湾同胞，推动两岸关系和平发展，推进祖国和平统一进程。

《环球时报》、环球网记者：民进党当局近日公布所谓数据称，第三季度台湾 GDP 增幅继续维持在"亚洲四小龙"之首，蔡英文还称，是因为她上台三年多努力改变经济结构，让产业转型，才使得台湾成为"四小龙"第一，请问发言人对这种说法有什么回应？

马晓光：关于有些人的说法和举动，我们注意到，岛内舆论已经对民进党当局的这种选择性公布数据的做法表示不以为然。台湾经济民生的状况怎么样，台湾民众的切身感受才最有说服力。

中央广播电视总台国广记者："双十一"刚刚过去，

请问发言人如何看待当今两岸电商之间的融合发展？

马晓光："双十一"电商购物节一年比一年火爆，体现了大陆民众强劲的消费能力。据统计，2018年大陆社会消费品零售总额已经超过了38万亿，其中实物商品网上零售额超过了7万亿元。根据媒体的报道，今年"双十一"期间，台湾地区成为购买金额增幅最大的地区。高速发展的大陆电商市场，既能向台胞提供便利的服务，又能为台企创造重大的商机。我们乐见台胞台企充分利用好这个平台，进一步扩大电子商务合作，实现更大更好的发展。

中国台湾网记者：台少数民族事务部门负责人日前称，台湾少数民族与大陆交流的时候不应该自称"少数民族"，要称"原住民族"，请问对此有何评论？

马晓光：台湾少数民族是中华民族大家庭中不可分割的重要组成部分。两岸少数民族同胞多年来积极开展交流合作，共享两岸关系和平发展的红利和两岸融合发展的成果。民进党当局一些人操弄这个议题，挑拨两岸同胞感情，用心险恶。

今天的发布会到此结束，感谢大家光临。

[发布时间] 2019 年 11 月 27 日
[发 布 人] 朱凤莲
[发布地点] 国务院台湾事务办公室新闻发布厅

国务院台湾事务办公室
新闻发布会

2019 年 11 月 27 日

11 月 27 日上午 10 时，国台办在新闻发布厅举行例行新闻发布会。新任发言人朱凤莲首次主持发布会，就近期两岸热点问题回答了记者提问。

朱凤莲：各位记者朋友，上午好！

欢迎大家参加国台办的新闻发布会。我是朱凤莲。

（闽南语）我是广东客家人，在此先向台湾乡亲问一声好！

（客家话）很高兴有机会在新闻发布台上为台湾乡亲提供服务，使台湾乡亲更多了解我们的政策和我们的工作!

我也希望和各位记者朋友共同努力，帮助两岸同胞及时、准确、全面、客观地了解大陆对台政策和立场，增进两岸同胞之间的了解、理解和信任！

下面，请大家开始提问。

新华社记者："31 条措施"中提出在投资和经济合作领域加快给予台资企业与大陆企业同等待遇。请问一年多来，台商台企参与了哪些重大研发项目、基础设施建设？两岸合作区建设以及农业合作方面取得了哪些成效？

朱凤莲：一年多来，台商台企在参与经济领域重大行动计划和研发项目、参与基础设施建设等方面获得了很多机遇，得到了实实在在的利益。

首先，在参与基础设施建设、政府采购方面，在激烈竞争当中，台湾企业上海冠龙的阀门产品中标了北京大兴国际机场建设项目。台湾世曦公司直接参与了昆山中环快速路前期设计。福建省鼓励台资企业参与政府采购，已经采购了东南汽车、冠捷等台企生产的汽车、显示器等产品。

第二，在参与经济领域重大行动计划和研发项目方面，冠捷科技获得了工业转型升级资金支持，研华科技、友达光电等多家台企进入了绿色制造名单。厦门玉晶光电公司工厂被确定为智能制造试点示范项目。富士康、英业达等参与了工信部指导成立的工业互联网产业联盟。

第三，在两岸产业合作区建设方面，国台办会同发改委、工信部、商务部等先后在四川、广西、湖北设立了海峡两岸产业合作区。有关地方也都出台了各项政策，从用地、用工、融资等各个方面为台资企业提供了各种优惠。

第四，在农业合作方面，贵州、福建等地台资农业企业被认定为农业产业重点龙头企业，近 3 年获得了各级扶持资金总额超过 2000 万元。福建台企生产的 16 款农机产品列入农机购置补贴产品目录，补贴资金 1.12 亿元。

中国台湾网记者：据了解，近日将举办台商参与长三角区域一体化发展的有关活动，请发言人介绍相关情况。

朱凤莲：12 月 4 日至 5 日，以"台商聚力长三角，两岸共享新机遇"为主题的台商参与长三角区域一体化活动将在上海举行。这项活动旨在支持台商参与长三角区域一体化发展战略，为台商进一步解读相关政策举措，帮助台商更好分享大陆发展机遇和成果，促进两岸经济交流合作，深化两岸融合发展。相关主管部门以及上海市、江苏省、浙江省、安徽省有关负责同志，以及两岸企业家峰会的双方理事长、台资企业、台商代表约500多人将参加活动。

中央广播电视总台央视记者：蔡英文近日宣称台商资金回流7000亿，请问发言人对此做何评价？

朱凤莲：我注意到了有关报道。

实际上，台商到哪里投资、去哪里布局，不是由民进党当局说了算。从今年前三季度主要数据来看，大陆经济运行保持在合理区间，延续了总体平稳、稳中有进的发展态势，发展前景持续看好。事实胜于雄辩。哪里的营商环境更好、哪里更有利于自身的长远发展，相信广大台商台企自有判断，会做出明智的选择。

中新社记者："26条措施"本月推出后，请问目前有哪些落实进展？

朱凤莲："26条措施"是11月4日发布实施的，各地方各部门正在加紧推进各项措施落实到位。

福建省在部分领域开展了先行先试，已经取得了一些具体进展。比如冠捷、建霖、六和机械、东南汽车等台企已经设立国家级或省级工业设计中心、企业技术中心。福建省为奇美等3家台企提供增资奖励合计1100万元，还设立了贸易救济专项资金，对台企出口贸易提供救济，还为灿坤等台企累计提供了近百亿美元的出口业务风险保障。厦门市金融办为11家台企提供了融资担保，规模达到7600万元，同时推出海峡股权交易中心台企板块。

前几天，江苏省昆山市发布了服务台胞台企的20条特色举措，涉及支持台企就地转型、科技惠台、人才培养等。

中央广播电视总台国广记者：与台湾同胞切身利益最密切相关的是他们在大陆学习、创业、就业、生活享受同等待遇，请问在这方面"31条措施"发布实施一年多来取得了哪些新成效？

朱凤莲：过去一年多，随着"31条措施"的不断落实落细，台湾同胞在大陆各地的学习、工作、生活越来越方便，他们在更大范围、更多领域享受到了同等待遇。

首先，在职业资格考试方面，去年我们开放了134项职业资格考试。据不完全统计，约800多名台胞考取了多个热门行业的职业资格。

比如，去年9月举办了首次国家统一法律职业资格考试，有573名台湾考生报名，其中有81人通过考试拿到了法律职业资格证书。大陆旅游市场非常火爆，去年境内旅游就达到 55 亿人次，所以导游这个行业供不应求。很多台胞非常及时地抓住了这个机遇，去年有 133 名台胞报考导游职业资格考试，其中有 48 人顺利拿到导游证。今年报考人数增加到 180 多人。

今年 1 月，教育部门出台政策，在大陆学习、工作、生活的台湾居民可以申请参加中小学教师资格考试，通过认定后可以取得中小学教师资格。之后有 80 位台胞报名参加了 3 月份的考试，有 10 人通过了笔试，有 7 人通过面试获得了教师资格证。今年第二次考试在进行中，有数据我会及时给大家提供。可以看出来，这些热门行业的职业资格考试还是挺抢手的，有一定的难度，希望有志报考的台湾青年加把油，用心准备，期待看到更多台湾同胞今年能够获利。

第二，在进入大陆事业单位就业方面，在福建、天津、江苏、上海等 12 个省市开展台胞进入事业单位工作试点的基础上，辽宁、河南、重庆、四川、陕西这 5 个省的自由贸易试验区也纳入试点范围。目前在大陆 200 多所高校就职的台湾教师有 1600 多人。

第三，在申请参与国家重大人才工程方面，目前已有 72 名台湾专业人才入选了国家"千人计划"。在大陆工作的台湾研究人员申报 2018 年国家社科基金年度项目和青年项目课题 157 项，其中立项 58 项。国家艺术基金收到 12 个与台湾地区的机构或单位开展合作项目的申请，有 19 位台湾艺术家申报青年艺术创作人才项目。

第四，在台湾取得的学术成果纳入评价体系方面，今年 7 月份，南京大学中国社会科学研究评价中心将 15 个学科 30 种台湾人文社科类学术期刊纳入"中文社会科学引文索引"（CSSCI）数据库来源期刊目录。目前相关工作运行正常，各方反映良好。这对在事业单位或者高校工作的台湾青年是非常利好的消息。

深圳卫视记者： 大陆日前发布了第四次经济普查结果，台港澳投资企业数量虽然从 2013 年年底的 9.7 万家增加到了 11.9 万家，但在所有企业当中的占比有所下降，从 1.2% 下降到了 0.6%，请问发言人对此如何解读？

朱凤莲： 第四次经济普查结果显示，在过去 5 年中，企业法人单位总共是 1857 万个，增长了 126.2%。在这当中，大陆企业是 1834.8 万，占到了 98.8%，台港澳商投资企业 11.9 万个，占 0.6%；外商投资企业是 10.3 万个，占 0.6%。这反映出大陆的营商环境不断优化、各类市场主体大量同步增长的新局面，也反映出大陆企业的实力和经济发展活力，说明我们的市场蛋糕做得更大了。

大陆过去是、现在是、未来也仍会是台胞台企投资兴业的最佳选择。从商务部统计的数据来看，今年1—10月，大陆批准台资项目4350个，同比增长10.9%，实际利用台资15亿美元，同比增长35%。我们会继续积极地为台胞广泛参与大陆的经济建设创造条件，为台胞台企参与国家重大发展战略提供政策指引，搭建更多的渠道平台。刚刚提到的即将在上海举办的台商活动就是属于这方面的内容。

我们还会积极推进两岸经济合作制度化，打造两岸共同市场，推动两岸应通尽通。也会进一步落实落细"31条措施"和"26条措施"，持续同台胞台企分享发展机遇，提供同等待遇。希望台胞台企能够发挥自身优势，搭上大陆扩大内需市场的快车，在融入大陆快速发展中取得自身更大的发展。

福建东南卫视记者："26条措施"推出后，台湾体育界十分关心涉及两岸体育交流的内容，请问这方面目前有没有出台细化落实措施？

朱凤莲：国家体育总局港澳台办的负责人前几天接受记者采访，详细介绍了"26条措施"当中第25、26条落实的情况。

近期台湾的棒球运动员和教练员感到非常高兴的一

件事，就是大陆体育主管部门响应台湾体育界关切，力促两岸棒球运动交流合作，已经推动将棒球纳入了2020年杭州亚运会比赛项目。

同时，我们欢迎台湾运动员来大陆参加全国性体育比赛和职业联赛，台湾运动员可以内援身份参加大陆足球、篮球、乒乓球、围棋等职业联赛，符合条件的台湾体育团队、俱乐部也可参与相关职业联赛。据统计，本赛季，中超、中甲足球联赛和中国男子篮球职业联赛，分别有4位台湾足球运动员、7位篮球运动员作为相关俱乐部的成员参加比赛。有45名台湾乒乓球运动员加盟了15支大陆俱乐部并注册参加中国乒乓球协会主办的各级比赛。来自台湾的3支乒乓球队、3支围棋队和1支国际象棋队也在参加全国联赛。现在有39名台湾学生在北京体育大学就读。

还有一个好消息，国家体育总局正在着手修订《运动员技术等级管理办法》，预计明年初新的"办法"就可以正式出台。台湾运动员和体育爱好者参加大陆体育赛事、达到相关技术等级并且提出申请，大陆单项运动协会将给他们颁发运动员技术等级证书。他们也可以参加相关部门和协会组织的培训考试并获得相应证书。这意味着包括运动员、教练员、裁判员等在内的广大台湾体育从业群体以后都可以在大陆"持证上岗"，寻求更好的发展。

海峡之声广播电台记者：据报道，台湾货轮"苌薪"轮11月20日在福建闽江口水域与不明船舶发生碰撞并且沉没，目前仍有2名台湾船员失踪。想请发言人介绍一下最新情况。

朱凤莲：我们一直在密切关注这个情况。据了解，11月20日21时50分，广东一艘货轮与台湾"苌薪号"货轮在福建省福州市闽江口川石岛南侧约0.66海里的地方碰撞，"苌薪号"进水沉没，造成船上9名船员（其中有6名台湾籍船员、3名印尼船员）落水。

接获消息后，福建省海上搜救中心即刻启动了应急预案，派出直升机、搜救船全力开展搜救。21日晨救起了7名船员，也做了妥善的安置。2名台湾船员失踪，其中1名船员的遗体22日晚上被找到。我们刚得到消息，今天早上又找到了一具遗体，其身份还在确认当中。目前有关方面正在对肇事船只和事故原因进行调查。

福建厦门卫视记者：第一个问题，台湾电影界人士今年参评了第32届中国电影金鸡奖，并获得了提名，这是"31条措施"实施之后首次有台湾影人和合拍作品报名并入围金鸡奖。请问发言人，台湾同胞在参与两岸影视合作和文化交流方面还取得了哪些成果？第二个问题，请问在"31 条措施"发布实施一年以来，在税收优惠方面、资金补助方面，给台商和台企带来了哪些实实在在的利益？

朱凤莲：第一个问题，一年多来，台湾同胞在参与两岸影视合作和文化交流方面得到更多的参与感、获得感和融入感，他们在不同领域、不同岗位的努力，也进一步促进了两岸经济社会融合发展。

在参与两岸影视交流合作方面，台湾人士年度应邀参与大陆广播电视节目制作有 800 多人次，两岸业界合作意愿更加强烈。北京、上海、江苏、浙江等地广播电视行政部门收到多家两岸制作机构提出的合拍意向，各级电视台和视听网站引进台湾产影视剧 2018 年 12 部、2019 年 17 部，呈现明显增长态势。在大陆上映的台湾电影也受到观众的热烈欢迎，《比悲伤更悲伤的故事》上映票房达 9.54 亿元，位居今年大陆电影总票房的第 16 名。去年第 29 届中国电视金鹰奖首次将台湾地区演员纳入观众喜爱的男、女演员奖评选范围，今年台湾电影人参评第 32 届中国电影金鸡奖并获得提名。

在参加"中华文化走出去"计划方面，台湾艺术家和文创机构先后参加了在马德里、马耳他、首尔中国文化中心举办的"中国文创产品展示周""中国世界遗产文创设计产品展"等重要活动，体现了两岸同胞共同传承和弘扬中华文化的丰硕成果。两岸文化机构共同策划的"海上丝路——东方生活美学展"纳入海外中国文化中心项目资源库，被首尔中国文化中心选中并于今年5月赴韩国展出。

在参与中华优秀传统文化传承发展工程方面，台湾艺术家获评福建省首批非物质文化遗产项目台湾地区代表性传承人。两岸合作创排的地方戏《阿搭嫂》参加第十二届中国艺术节展演。

"31条措施"和"26条措施"，将为更多的台湾文创机构和文艺界人士提供发展空间和展示舞台，为两岸共同传承和发展中华优秀传统文化带来更多合作机会。

第二个问题，税收优惠是大批台商台企最有获得感的，他们确实是享受到了"真金白银"的实惠，给大家举几个例子。

第一，在税收优惠方面，江苏省有1099家台资企业被认定为高新技术企业，同等享受减按15%征收企业所得税，合计减免税值达到近100亿元人民币。浙江省有1154家台资企业享受到各项减税降费政策。福建、湖北等地也分别有数百家台资企业享受到了相关税收优惠。

第二，在资金补助方面，浙江省宁波市群创光电利用台企重点实验室政策，享受到保税区技改补助约超过3300万元。江苏省多家台企获得了省科技成果转化专项资金、省科技资金资助共计1750万元。福建省有50多个台资企业的技改项目享受到专项资金支持。

第三，在深化金融合作方面，中国银联在台湾地区开展银联卡受理、互联网支付、移动支付等业务，当地有21.2万家商户和2.7万台自助提款机受理银联卡，受理覆盖率分别为90%和99%，超过1.36万家商户支持银联二维码。今年前三季度，银联卡在台交易达到1084万笔，金额218亿元，同比分别增长3%和7%。"台湾地区信用报告查询前置系统"正式上线，累计查询台胞台企在台信用310笔，发放贷款3.76亿元。中国银行与兆丰银行、上海银行与富邦银行分别筹组银团贷款，为台资企业提供融资支持。

今天介绍各地区各部门落实"31条措施"的内容比较多，我们用一些时间跟大家介绍情况，是因为这是各地区各部门本着"两岸一家亲"理念，和台胞们一起努力，实打实干出来的成果。我们未来会进一步落实落细"31条措施"和"26条措施"，让更多的台胞台企能够参与到我们的高质量发展、高科技创新和高品质生活当中。

台湾 ETtoday 东森新闻云记者：自称所谓"中国间谍"的王立强在澳大利亚称，香港上市公司中国创新投资在台提供经费影响选举，该公司负责人向心和他的妻子日前在台湾被限制出境出海。请问发言人有何回应？

朱凤莲：关于这个问题，我办发言人本月 23 日已经在第一时间做出了回应，上海市公安局静安分局于 23 日通报了有关情况。王立强系涉案在逃人员，因为涉嫌诈骗罪，已经被公安机关立案侦查，他持有的所谓中华人民共和国护照和香港永久居民身份证都是伪造的证件。目前公安机关对此案还在进一步调查当中。

其实事实很清楚，"骗子变间谍"，这是反华势力炮制的荒诞不经、漏洞百出的"剧本"。而民进党当局和诈骗犯绑在一起，大肆进行政治操作，其意图是制造所谓"大陆介入台湾地区选举"的假象，谋取不正当的选举私利。他们企图用谎言来欺骗台湾民众，实在是低估了台湾民众的理性和判断力。台湾舆论已经对民进党当局的这个骗局有了很多质疑，说明民进党当局这一选举伎俩已经破功。

香港中评社记者：有消息称，美国国会有议员准备提出所谓的"台湾主权象征法案"。请问发言人对此有何评价？近年来美方不断抛出所谓"挺台"法案，有逐步密切与台湾关系的趋势，大陆会如何应对？

朱凤莲：台湾问题是中国内政，不容任何外来干涉。美方应该恪守一个中国原则和中美三个联合公报规定，慎重处理涉台问题。

中国台湾网记者：日前韩国瑜表示，在大陆没有放弃武力解决台湾问题之前，两岸没有签署和平协议的条件，请问发言人对此有何评论？

朱凤莲：推动两岸关系和平发展，是两岸同胞的共同愿望，也是两岸同胞的共同利益所在。在坚持"九二共识"、反对"台独"的共同政治基础上，就推动两岸关系和平发展达成制度性安排，符合两岸同胞的共同利益。

我们多次强调，我们愿意以最大的诚意，尽最大的努力，争取和平统一的前景。不承诺放弃武力，保留采取一切必要措施的选项，针对的是外来势力干涉和极少数"台独"分裂势力及其分裂活动，绝非针对台湾同胞。我们两岸同胞要共谋和平、共护和平、共享和平。

中央广播电视总台央广记者：台湾地区政治受难人互助会原顾问、夏潮联合会原会长陈明忠先生于 11 月 21 日在上海逝世，请问发言人对陈明忠先生在两岸关系发展中的作用有何评价？

朱凤莲：台湾地区政治受难人互助会原顾问、夏潮联合会原会长陈明忠先生因病医治无效，于 2019 年 11 月 21 日在上海逝世，中央台办、国台办谨致沉痛的悼念。

陈明忠先生是忠诚的爱国主义者，是台湾人民反殖民、反压迫的光辉典范，台湾爱国统一阵营的杰出代表。他把毕生的精力都献给了实现祖国完全统一和中华民族伟大复兴的崇高事业。他的爱国情怀值得两岸同胞永远铭记。

新华社记者：民进党在台立法机构推出"反渗透法草案"，对两岸交流做出更多限制。请问发言人对此有何评论？

朱凤莲：今年以来，民进党当局通过操弄所谓"中共代理人修法"等，不断煽动两岸对抗、制造两岸敌意，已经遭到了台湾社会各界的强烈反对。现在他们又炒作所谓"反渗透法"，无论手法怎么变换，目的都是为了打压岛内持不同立场的党派团体人士，恐吓、惩罚参加两岸交流的台湾民众，在台湾社会制造"绿色恐怖"。民进党当局企图以此来谋取选举私利，不可能得逞。

《北京日报》记者：蔡英文日前称，香港局势凸显了美台共同捍卫所谓"民主自由"价值的重要性。请问发言人对此有何评论？

朱凤莲："一国两制"是解决历史遗留的香港问题的最佳方案，是保持香港长期繁荣稳定的最佳制度安排。现在我们看到，越来越多的香港市民站出来，不希望香港再乱下去，希望止暴制乱、恢复秩序。民进党当局挟洋自重，不断插手香港事务，捞取政治私利，其企图不会得逞。

我们将继续贯彻落实中央对台工作大政方针，团结广大台湾同胞，推动两岸关系和平发展，推进祖国和平统一进程。

福建海峡卫视记者：据报道，30名台胞因担任大陆社区主任助理遭到台湾当局处罚之后提起行政诉讼，日前被台湾内政部门全数驳回。民进党当局还声称，将持续调查所谓台湾民众"违法"赴大陆担任相关职务的情况，请问发言人对此有何评论？

朱凤莲：近年来，我们顺应台湾同胞的实际需求，为他们提供更多更好的发展机遇，帮助他们解决就业的实际困难，受到了台胞们的广泛肯定和欢迎，有数以万计的台湾同胞在大陆高校、科研机构、医院和各类企事业单位工作，刚才我在介绍"31条措施"的时候已经有所涉及。

关于在厦门海沧区工作的台湾青年遭到民进党当局打压、惩罚的事情，我们已多次介绍情况、表明态度。这些台湾青年来海沧工作，有的是受当地企业聘用，签订了劳动合同，担任社区主任助理，从事社区建设、现代农业、传统文化保护、乡村教育振兴和志愿服务等工作；有的受聘于海峡城乡发展基金会，以社区营造员的身份为社区提供服务。我们为这些青年提供的是就业机会，而这些青年所求的也是自身更好的发展。就是这样简单的事情，民进党当局还处处设卡，动辄以所谓"违法"来进行威胁、恫吓，他们这样做实际上是在砸台湾青年的饭碗。

人民日报海外网记者：蔡英文日前发布一竞选影片，主要论调就是反"一国两制"，以及唆使台民众不要相信大陆。请问发言人对此有何评论？

朱凤莲：我们从来不介入台湾地区的选举。民进党当局无视台湾同胞利益福祉，刻意挑动两岸敌意对立，破坏台海和平稳定，其所作所为意图在于欺骗台湾民众，谋取选举私利，相信台湾同胞会识破他们的选举伎俩。

台湾东森电视台记者：台湾有些人认为，被王立强"指控"的向心夫妇可能有所谓"间谍"或者"渗透"

行为。由于正逢台湾选举，台湾方面可能会采取一些强制性作为，请问发言人有何回应？

朱凤莲：我看到了相关报道，看到了中创投资公司的声明，也看到了台湾舆论对民进党当局这次所谓"扣押"行为的质疑。我们高度关注大陆居民和港澳居民在台的安全和合法权益，正告民进党当局不要肆意妄为。

福建海峡卫视记者：在目前香港局势下，台湾当局想趁机吸纳香港的教师和学生。请问发言人对此有何回应？

朱凤莲：我们看到了相关报道。有些在香港高校就读的学生可能想转去台湾读书，这正说明了香港的激进暴力犯罪行为实际上已经严重损害到了这些学生正常学习的权利。止暴制乱、恢复秩序是香港当前最紧迫的任务。我们正告民进党当局停止插手香港局势，停止政治操弄。

福建东南卫视记者：部分华为手机标识台湾为"中国台湾"，台当局逼电信商停卖这些华为手机。请问发言人对此有何评论？

朱凤莲：民进党当局这种出于政治目的破坏两岸正常经贸交流的做法，损害两岸同胞的共同利益，不得人心。

中国台湾网记者：日前台北市方面表示将以"台湾台北市"称谓与捷克布拉格市签署友好城市协议，对此发言人有何评论？这是否会影响上海—台北城市论坛的举办和两岸交流？

朱凤莲：我们对台湾地区参加涉外活动的立场是一贯的、明确的，对于开展两岸城市交流的态度也是非常明确的。

本次发布会到此结束，谢谢大家。

[发布时间] 2019 年 12 月 11 日
[发　布　人] 朱凤莲
[发布地点] 国务院台湾事务办公室新闻发布厅

国务院台湾事务办公室
新闻发布会

2019 年 12 月 11 日

12 月 11 日上午 10 时，国台办在新闻发布厅举行"26 条措施"专题记者会。发言人朱凤莲主持，并与国家发展和改革委员会外资司副司长郑持平、科学技术部港澳台办公室副主任徐捷、市场监督管理总局标准创新司副司长李玉冰，以及国务院台办经济局副局长陈斌华，一起回答了有关"26 条措施"第 1—13 条内容及其他两岸关系热点问题的提问。

朱凤莲：各位记者朋友上午好，欢迎大家参加国台办新闻发布会。11 月 4 日，国务院台办、国家发展和改革委经商中央组织部等20个部门，出台了《关于进一步促进两岸经济文化交流合作的若干措施》（以下简称"26条措施"）。"26条措施"发布之后，受到了广大台胞台企的热烈欢迎和肯定，为了让大家更能详细地了解"26条措施"的具体情况，我们今天特别邀请国家发展和改革委员会外资司副司长郑持平、科学技术部港澳台办公室副主任徐捷、市场监督管理总局标准创新司副司长李玉冰，以及国务院台办经济局副局长陈斌华，为大家详细介绍"26条措施"中涉及为台湾企业提供同等待遇的13条措施。下面请大家开始提问。

新华社记者：上个月"26条措施"推出后，我们已看到不少报道做了介绍，今天是"26条措施"专题解读记者会，请概括说明一下"26条措施"中涉及为台湾企业提供同等待遇的13条措施的总体情况，推出这些措施的主要考虑是什么？有哪些亮点？

陈斌华：这13条措施进一步回应了广大台企的诉求和期盼，主要考虑就是更多为台胞台企提供发展机遇、同等待遇，进一步促进台企参与大陆高质量发展、高科技创新，帮助台企加快科技创新，降低综合成本，抢抓发展机遇，实现更好发展。

这13条措施和我们去年出台的"31条措施"中涉

及台企的 12 条在理念上是一脉相承的，就是彰显"两岸一家亲"的理念，体现一视同仁，同时又与时俱进，扩大了受益面，提高了含金量。概括地讲有以下三个亮点：

一是紧扣经济社会的发展热点。例如，第 2 条围绕 5G 这一产业热点，将积极支持两岸企业就 5G 产业开展交流合作，欢迎台资企业参与大陆 5G 建设，共享大陆 5G 商机。

二是回应台胞台企重点关切。例如第 8 条针对台企特别是中小微台企存在的融资难、融资贵等问题，在申请政府性融资担保基金、拓展直接融资渠道等方面提出解决办法。

三是含金量进一步提高。如第 1 条支持台企同等参与重大技术装备和"四类"中心建设，助推台企加快科技创新，融入高质量发展。

"26 条措施"发布以来，国务院台办、国家发展改革委已经会同有关部门和地方部署落实工作，相关落实和配套对接工作正在抓紧进行。例如福建省有关部门将于近期召开政策说明会，明确一些措施的具体方案。江苏省昆山市推出服务台胞台企 20 条新举措，为台胞台企提供更多同等待遇。下一步，我们将把各项措施落实落细，把好事办好，让广大台胞台企有更多实实在在的获得感。

中国台湾网记者：我们注意到"26 条措施"的第 1 条当中提出，台资企业可同等参与重大技术装备研发创新、检测评定、示范应用体系建设，可同等参与产业创新中心、工程研究中心、企业技术中心和工业设计中心建设，请具体介绍说明一下这条措施。

朱凤莲：请郑持平副司长回答这个问题。

郑持平：大陆工业门类齐全，制造业规模稳居全球首位，产业技术水平快速提升。为推动大陆制造业高质量发展，有关部门出台了一系列的政策措施和管理办法，指导和支持各类市场主体发挥各自优势，平等参与重大技术装备发展、企业技术中心建设等。目前，国家发改委、工业和信息化部等部门已经认定了 25 批国家企业技术中心，110 家国家级工业设计中心，并正在积极推动重大技术装备研发创新、检测评定、示范应用体系建设，以及国家产业创新中心、国家工程研究中心的布局建设。

我们对台资企业参与大陆重大装备发展、企业技术中心建设等一视同仁，同等对待。目前，已经有一些台资企业先行一步，积极参与其中，享受到了增值税全额退还等政策优惠，比如，福建捷联电子有限公司被认定为国家企业技术中心，厦门建霖健康家具股份有限公司入选第三批国家级工业设计中心。

我们欢迎更多台资企业根据自身发展的实际、按照国家有关政策要求，与所在地的省级发改委、工业和信息化主管部门等联系，牵头或者是参与相关的工作，充分利用大陆广阔市场和发展机遇，提升企业技术创新能力和市场竞争力。

中新社记者：近年来，台湾青年在大陆的就业创业受到外界的高度关注，"26 条措施"第 13 条提出，符合条件的海峡两岸青年就业创业基地和示范点可以申报国家级科技企业孵化器、大学科技园和国家备案众创空间，想请科技部介绍一下这条措施出台的背景情况和有关考虑。

徐捷：开展国家级科技企业孵化器、国家大学科技园和国家备案众创空间工作，有利于引导科技企业孵化器、大学科技园和众创空间高质量发展。目前，我们共建有国家级科技企业孵化器 980 家、国家大学科技园 115 家、国家备案众创空间 1949 家，已形成较为完善的科技成果转移转化服务体系和科技创新产业培育平台。

2015 年以来，已经有 20 个省市设立了 76 个海峡两岸青年就业创业基地和示范点，涵盖园区、学校、创业孵化器、企业和社会团体等各类平台，逐步成为两岸青年交流的重要桥梁和台湾青年来大陆实习就业创业的重要载体。鼓励海峡两岸青年就业创业基地和示范点申报国家级科技企业孵化器、大学科技园和国家备案众创空间，是为了进一步为海峡两岸科技企业构建良好的成长生态，为两岸青年人才创新创业提供更多机遇和更好条件，促进两岸先进技术成果转移转化，培育两岸经济发展新动能。

中评社记者：市场监管总局有关负责人今天在场，我想请教的是，"26条措施"第12条讲到，台资企业可与大陆企业同等参与行业标准的制订与修订，共同促进两岸标准互联互通，请您介绍这方面的考虑。

李玉冰：标准是共同协商一致并共同遵守的技术规范。台资企业在参与国家标准制定方面与大陆企业享有同等待遇，这种待遇体现了标准公开、透明、共同协商的特点。国务院标准化管理部门将依据《中华人民共和国标准化法》的相关要求，积极完善标准制订各项管理制度，保障台资企业依法平等参与大陆的各类标准化活动，增进技术交流、促进质量提升、实现产业发展。

另外，大陆在制订和修订行业领域标准方面具有广阔市场优势，台资企业在部分产业领域有着丰富技术积累，双方合作有助于提升两岸企业在标准领域的话语权，增强竞争力。

福建海峡卫视记者："26 条措施"第 3 条提出，"台资企业可同等参与大陆城市建筑垃圾资源化利用、园林废弃物资源化利用、城镇污泥无害化处置与资源化利用、再生资源和大宗工业固废综合利用等循环经济项目"，请介绍相关情况。

郑持平：随着大陆城市化、工业化的发展，建筑垃圾、城镇污泥、再生资源、工业固废等废弃物的量很大。为了贯彻落实生态文明建设总要求、实现经济社会可持续发展，大陆先后出台实施了一系列促进垃圾废弃物综合利用等循环经济发展政策措施，推动各地区、各部门不同层面开展循环经济实践，探索建立一批循环经济示范试点，培育了行业发展骨干企业，形成了较大的循环经济产业市场。

我们欢迎技术工艺先进、行业经验丰富的台资企业积极参与大陆循环经济项目，共享行业发展机遇。

中央广播电视总台央广记者：我们注意到"26 条措施"中第 11 条提出："为推动台湾输入大陆商品便捷快速通关，支持两岸第三方检验检测市场发展，海关部门正研究制定采信第三方检验机构结果管理制度。"请问这项管理制度预计何时能够推出？这项制度的推出将对台湾输入大陆商品通关带来哪些便利？

陈斌华：为进一步促进两岸经济文化交流合作，推动台湾输入大陆的商品便捷快速通关，支持两岸第三方检验检测市场发展，大陆海关正在加快完善进出口商品质量安全风险预警和快速反应监管体系，研究制定采信第三方检验机构结果管理制度。

目前采信制度已经在一定范围征求意见，大陆海关将根据意见进一步完善并尽快推动出台。条件成熟后，符合要求的台湾第三方检验鉴定机构出具的检测结果可被大陆海关采信。

这项制度实施后，大陆海关将降低来自台湾相关商品的查验率，进一步提升台湾输往大陆商品的便利化水平。同时将助推两岸第三方检验检测市场的发展，台湾有关检验检测机构将有机会获得更多的检验检测业务。

海峡之声广播电台记者：《香港澳门台湾居民在内地（大陆）参加社会保险暂行办法》（以下简称《暂行办法》）目前正式出台。在大陆参加社保是关乎台湾同胞切身现实利益的事情。请问台胞会从中获得哪些实实在在的好处？

朱凤莲：12月3日，人力资源和社会保障部、国家医保局相关的负责同志已经就《暂行办法》出台的背景和相关情况做了详细介绍和解读。在这里，我主要介绍一下在大陆生活、就业、创业、学习的台胞究竟能从中获得哪些实实在在的好处。

首先要说明的是，社会保险制度是国家提供的一种社会福利待遇。出台《暂行办法》是落实十九大提出关于逐步为在大陆台湾同胞提供同等待遇的一项制度性安排，也是落实习近平总书记关于推动两岸社会保障和公共资源共享重要主张的一个具体举措。意味着在大陆就业、居住、就读的台胞可以和大陆居民一样，享受国家提供的相关福利待遇。

《暂行办法》对台胞适用人员的考虑十分周全，对在大陆参保台胞实现了全覆盖。不但适用于单位就业、灵活就业、个体经营等多种形式的就业台胞，而且适用于在大陆居住的未就业台胞以及在大陆高校就读的台湾学生。对在大陆参加城乡居民基本养老保险和城乡居民基本医疗保险的台胞，大陆各级财政都将按规定给予相应的财政补助，保障参保台胞的社会保障水平。

考虑到减轻台胞缴费压力和返台工作学习的实际需要，《暂行办法》为台胞在大陆参加社保做出了特殊安排。台胞如果不选择在大陆和台湾双重保险，可以凭相关授权机构出具的证明，不在大陆参加养老保险和失业保险，切实解决了台胞关注的双重参保问题。台胞如果在达到规定的领取养老金条件之前离开大陆，可以选择保留账户、再次来大陆就业或居住时继续缴费，也可以选择由本人书面申请终止社保关系，一次性提取社保个人账户内储存额。

《暂行办法》还明确规定台湾同胞享有参加 5 项社会保险的权利，其中生育保险和工伤保险是由大陆用人单位缴费，完全不需要参保台胞个人缴纳任何费用，切实有效提升了台胞在大陆参保的社会保障范围和力度。

福建厦门卫视记者：在今年 1 月 2 日《告台湾同胞书》发表 40 周年纪念会上，习近平总书记讲到"两岸要应通尽通"时明确提到"行业标准共通"。请问目前在两岸行业标准共通方面做了哪些工作？

李玉冰：为贯彻习近平总书记 1 月 2 日重要讲话关于两岸行业标准共通的重要要求，我局协同有关地方和行业协会，于今年 5 月赴福建省福州市、厦门市就"两岸行业标准共通"开展调研。与福建冷冻食品协会、厦门市物流企业等 20 多家台资和大陆企业协会座谈交流，了解福建省和厦门市的台资和大陆企业对两岸行业标准共通的需求，了解经贸合作现状、重点领域需求，以及探讨举办两岸行业标准交流研讨会，研究相关行业中标准共通的重点领域，推进开展两岸标准比对研究等工作。

例如，茶是两岸同胞共同喜欢的饮品，为了促进两岸台式乌龙茶贸易畅通，根据大陆乌龙茶产业发展需求，我们大力推进两岸茶叶产业的标准共通，推动台湾茶叶学会和有关企业参与《台式乌龙茶》《台式乌龙茶加工技术规范》等国家标准研制工作，目前两项国家标准项目即将立项公告。相信今后两岸相关业者将在更多领域推动制定共通标准，并给两岸同胞带来更多实实在在的好处。

福建东南卫视记者："26 条措施"第 13 条当中提到，符合条件的海峡两岸青年就业创业基地和示范点申报国家级科技企业孵化器大学科技园和国家备案众创空间，请问申报成功后将享有哪些优惠政策？

徐捷：2018 年 11 月，科技部会同财政部、税务总局和教育部共同发布了《关于科技企业孵化器　大学科技园和众创空间税收政策的通知》，文件可以在科技部官网和国家税务总局官网上查询。

根据该通知，对于申报国家级科技企业孵化器、大学科技园和国家备案众创空间成功的就业创业基地和示范点，可以享受相关税收优惠。自 2019 年 1 月 1 日至 2021 年 12 月 31 日，对国家级、省级科技企业孵化器、大学科技园和国家备案众创空间自用以及无偿或通过出租等方式提供给在孵对象使用的房产、土地，免征房产税和城镇土地使用费，对其向在孵对象提供孵化服务取得的收入，免征增值税，也就是免征"两税一费"。

这次出台的措施，旨在明确符合条件的海峡两岸青年就业创业基地和示范点可以申报并享受政策优惠，这将为基地和示范点发展和台湾青年来大陆创新创业创造更好环境。广大台湾青年可以在海峡两岸青年就业创业基地和示范点等平台内，享受政策便利，充分发挥自身优势，开展交流、创业，实现共同发展。

《中国日报》记者："26 条措施"第 11 条提出，"推动两岸食品、农产品、消费品安全监管合作"，但是岛内有人质疑，在当前两岸协商联系机制停摆的情况下，难以落实这方面的合作。请问这方面的问题能否得到解决？

陈斌华：为提升通关时效、压缩通关时长、降低企业物流成本，11 月 1 日，海关总署发布实施了《关于对进口汽车零部件产品推广实施采信便利化措施的公告》，对包括从台湾输入大陆的《中华人民共和国海关进出口税则》8708 章节涉及 3C 认证的 8 个 HS 编码的进口汽车零部件，海关在检验时可直接采信认证机构出具的认证证书，原则上不再实施抽样送检。

由于众所周知的原因，两岸制度化协商联系机制停摆，但我们促进两岸经济文化交流合作的步伐没有停止。推动两岸食品、农产品检疫、消费品安全监管合作，是造福两岸同胞和相关产业的具体举措，大陆方面将认真落实。我们希望两岸同胞共同努力，排除两岸交流合作中人为制造的障碍，真正增进台湾同胞利益福祉。

中央广播电视总台国广记者："26 条措施"第 5 条提出，台资企业可投资主题公园，可以特许经营方式参与旅游、基础设施和配套服务建设，请问目前推出这条措施的主要考虑是什么？

郑持平：近年来，随着大陆经济发展水平和城乡居民收入的不断提高，广大人民群众对旅游消费的个性化、多元化、高品质需求迅猛增长，旅游业已成为拉动消费和经济增长的新动力。为了促进大陆旅游业提质升级，更好地满足人民日益增长的旅游消费需求，国家相关部门组织实施了"十三五"文化旅游提升工程，充分发挥社会力量多渠道参与，引导和支持有条件的地方依托自身资源禀赋建设一批基础设施完善、吸引力强、服务质量高的新景区，推进旅游公共信息、公共交通、安全保障等服务设施建设。

我们欢迎台资企业在遵守相关行业规范发展要求的

基础上，按照市场化原则积极参与大陆旅游基础设施建设以及配套服务建设，拓展健康旅游、乡村旅游、工业旅游以及其他旅游资源综合开发市场，在为大陆消费者提供更多优质旅游产品和服务的同时，分享大陆旅游业提质升级带来的巨大发展机遇。

中央广播电视总台央视《海峡两岸》记者：我们看到第 6 条措施当中提到，支持符合条件的台湾金融机构和企业在台资企业集中的地区发起或者是参与设立小额贷款公司、融资租赁公司和融资担保公司等新型金融组织。请问现在我们有哪些具体的做法，以及将来会如何进一步保障这条措施落实？

陈斌华：目前，台资金融机构在大陆设有融资租赁公司 7 家，而且这些公司业务开展良好。银保监会已经出台《融资担保公司监督管理条例》，正在制定《小额贷款公司业务经营监督管理暂行办法》和《融资租赁业务经营监督管理暂行办法》。上述政策性文件将平等对待包括台资企业在内的发起人按照相关规定设立小额贷款公司、融资担保公司、融资租赁公司等新型金融组织。下一步，银保监会将进一步完善市场监管制度，积极支持符合条件的台湾金融机构和企业发起或参与设立小额贷款公司、融资租赁公司和融资担保公司，优化服务，推动两岸金融业融合发展。

深圳卫视记者： "26 条措施"当中的第 7 条提出，鼓励各地根据地方的实际，为台资企业增加投资提供政策支持。请问这方面具体有怎样的考虑？

郑持平： 对外开放是我们的基本国策。通过不断扩大开放、优化投资环境，大陆逐步成为跨境投资的主要流入地之一，也促进了大陆经济与世界经济的融合。2018 年，在全球跨国投资下滑 13% 的大背景下，大陆吸引外商直接投资 1383 亿美元，同比增长 1.5%，外资流入规模居全球第二位。今年以来，通过颁布《中华人民共和国外商投资法》、放宽市场准入和加大投资促进力度，为包括台资企业在内的各类市场主体扎根大陆发展提供有力支持和保障。世界银行发布的《全球营商环境报告（2020）》显示，大陆营商环境排名跃居全球第 31 位，比去年提升 15 位。大陆各级政府将通过贯彻实施《优化营商环境条例》等，持续改善投资环境。同时，大陆正在加快经济转型升级提升供给质量和水平，促进形成强大消费市场，这为包括台资企业在内的各类企业创造了更多的发展机遇。

当前，大陆仍然具有明显的综合发展优势。对台商而言，大陆仍然是最具投资价值的市场。下一步，我们将鼓励各地根据地方产业发展规划，依照法律、行政法规、地方性法规，在法定权限内制定投资促进和便利化的政策措施，发挥好各类台商发展承载平台作用，打造更具吸引力和竞争力的投资环境，为台资企业在当地扩大投资提供政策支持。

《北京日报》记者："26 条措施"第 2 条中提到，台资企业可以按市场化原则参与大陆第五代移动通信技术研发、标准制定、产品测试和网络建设。请问，5G 产业将为台湾相关企业发展带来什么样的新机遇？

陈斌华：大陆 5G 市场前景广阔，两岸企业已经在标准制定、技术试验等方面有很好的合作基础。这次出台的"26 条措施"中包含支持台资企业参与大陆 5G 发展的措施，就是希望两岸企业能够着眼长远，坚定信心，继续秉持优势互补、互利共赢的原则，共同构建全球化的 5G 产业链，促进全球移动通信产业健康发展。

台湾《联合报》记者：民进党称，大陆在此时出台"26 条措施"，有干涉台湾地区选举的嫌疑，请问对此有何回应？第二个问题，"反渗透法草案"在台立法机构进入"二读"程序，请问此举是否会降低台商台青赴大陆经商就业的意愿？

朱凤莲：第一个问题，我们从来都不介入台湾地区的选举。之前我们在发布会上介绍过"26 条措施"的 5 大特点，包括紧扣经济社会发展热点，进一步回应台胞台企重点关切，含金量进一步提高，受益面进一步扩大，体现了先行先试。之所以会呈现这些特点，是因为我们在制定"26 条措施"过程中充分调查研究，广泛认真听取了台胞台企的诉求。"26 条措施"中，有的措施是在一些地方先行先试之后要复制推广到更多地方，有的措施是针对部分台商台企特别关注并渴望重点参与的新兴产业领域。是岛内一些人说的所谓"宣示"意义，还是实质突破，就让事实来说话。

第二个问题，我们注意到，一段时间以来，民进党当局通过"修法"等手段不断进行政治操弄，煽动两岸敌意，限缩打压两岸正常交流交往，实际上已经造成台湾民众特别是台商台生人心惶惶，草木皆兵。无论民进党当局怎么变换手法，目的都是为了恐吓、惩罚参与两岸交流的台湾民众，已经在台湾社会造成了"绿色恐怖"。他们企图以此来谋取政治私利，不得民心。

台湾《中国时报》记者：大陆"十三五"规划中提到，扩大两岸人员往来，完善台湾同胞待遇政策措施。去年以来又持续推出"31 条措施"和"26 条措施"。日前台湾有学者建议大陆在"十四五"规划时别"忽略"

台湾。请问大陆在制定"十四五"规划时是否还会面向更广大的台商台胞群体来征询意见？将会在目前基础上再推出哪些措施来促进两岸融合发展？

朱凤莲：谢谢你关注我们一系列惠及台湾同胞的政策措施。我们秉持以人民为中心的发展思想，顺应两岸同胞加强交流合作的共同愿望和台湾同胞期盼更多发展机遇的实际需求，持续出台"31 条措施""26 条措施"等一系列惠台利民政策举措，为台湾同胞分享大陆发展机遇，提供更多同等待遇，受到台湾同胞的广泛欢迎和肯定。

国台办将持续完善促进两岸交流合作、深化两岸融合发展、保障台湾同胞福祉的制度安排和政策措施。在"十四五"规划编制的过程中，我们将向有关方面积极反映广大台湾同胞的诉求。

非常感谢参加今天记者会的各部门有关负责同志就大家关心的问题做出解答，也感谢在座的记者朋友关注"26 条措施"的实施情况。下一次发布会我们还会继续邀请相关部委的有关负责同志为大家详细解答"26 条措施"中涉及为台湾同胞提供同等待遇的 13 条措施，希望大家持续给予关注和支持。

今天的发布会到此结束。再见。

[发布时间] 2019 年 12 月 25 日
[发 布 人] 朱凤莲
[发布地点] 国务院台湾事务办公室新闻发布厅

国务院台湾事务办公室
新闻发布会

2019 年 12 月 25 日

12 月 25 日上午 10 时，国台办在新闻发布厅举行"26 条措施"第 2 场专题记者会。发言人朱凤莲主持，并与外交部领保中心常务副主任杨舒、教育部港澳台办副主任王志伟、人力资源和社会保障部专业技术人员管理司副司长李金生、文化和旅游部港澳台办巡视员满宏卫、国家体育总局港澳台办主任吴坚，一起回答了有关"26 条措施"第 14—26 条涉及为台湾同胞提供同等待遇的 13 条措施内容及其他两岸关系热点问题的提问。

朱凤莲：各位记者朋友上午好，欢迎大家参加今天国台办的新闻发布会。我们特别邀请到外交部领保中心常务副主任杨舒、教育部港澳台办副主任王志伟、人力资源和社会保障部专业技术人员管理司副司长李金生、文化和旅游部港澳台办巡视员满宏卫、国家体育总局港澳台办主任吴坚，为大家详细介绍《关于进一步促进两岸经济文化交流合作的若干措施》（以下简称"26条措施"）中涉及为台湾同胞提供同等待遇的13条措施。下面，请大家开始提问。

新华社记者：根据"26条措施"第14条，台湾同胞可在中国驻外使领馆寻求领事保护与协助，请进一步介绍求助的途径。

杨舒：两岸同胞血脉相连。我们始终高度重视维护海外台胞的安全以及合法的权益。去年，外交部及驻外使领馆总共处理了领事保护协助案件8.5万余起，办理各类领事证件近1200万份。这里面就有部分是涉及在海外长期居住或者旅行的台湾同胞。对于涉及台胞的领事保护事项，我们一贯高度重视，全力以赴，做成做好。

海外台湾同胞如果遇到自然灾害，或者意外事故等紧急情况，可以通过以下几种方式向驻外使领馆寻求领事保护与协助：第一种方式是拨打外交部全球领事保护与服务应急热线，也就是我们经常宣传的12308热线。

在海外拨打这条热线的方式是＋86－10－12308，或者是拨打＋86－10－59913991 的备用长号码。第二种方式是下载"外交部12308"手机客户端（APP），通过"一键求助"功能，实现网络拨打12308 热线。第三种方式是直接拨打我们驻当地使领馆的领事保护与协助应急电话。电话号码公布在驻外使领馆网站上，也可以通过我刚才提到的外交部12308 手机 APP 查询。第四种方式是通过"领事直通车"微信小程序的对话框，与12308 热线的接线员进行文字交流。在这里，我们也想请海外的台湾同胞关注我们中国领事服务网以及"领事直通车"微信公众号和微博，能够在第一时间获取外交部发布的海外安全提醒以及重要的领事信息。

福建东南卫视记者：请概要介绍一下在大陆高校就读的台湾学生的情况。

王志伟：教育部热忱欢迎台湾青年来大陆就学，并为此不断创造良好的政策环境。2017 年教育部出台政策，将台湾学生申读大陆高校的"学测"成绩由"前标级"以上，放宽到"均标级"以上，为台湾青年在大陆就学进一步敞开了大门。2019 年 1 月，教育部调整政策，允许台湾应届高中毕业生语文、数学、英文三门科目当中任意一门"学测"成绩达到"均标级"以上的具备申请大陆高校就读资格。这一政策覆盖了60%以上的台湾应届高中毕业生。此外，为了让台商子女获得更多接受大陆优质高等职业教育的机会，教育部鼓励在大陆获得高中和中等职业学校毕业证书的台商子女参加高职院校的分类考试招生。

两年来，台湾学生报考大陆高校的热情持续高涨，目前已有超过12000名的台湾学生在大陆高校就读。在我们和台湾同学交流的时候，他们表示，大陆的高校就像"梦中校园的样子"，学校和老师对他们关怀备至，他们感受到像家人一样的温暖。

下一步，教育部将进一步扩大招收台湾学生的院校范围，优化院校和专业布局，更好地满足台湾学生来大陆上大学的需求，为他们创造更多更好的学习机会和良好的学习环境。

中央广播电视总台国广记者："26条措施"中第21条涉及在大陆工作的台胞参加职称评审的相关内容，请具体介绍一下相关情况。

李金生：采取这项措施的目的就是为在大陆工作的台湾同胞提供更加便利的条件，共同享受大陆人才发展的机遇。

2016年，中办、国办印发了《关于深化职称制度改革的意见》（以下简称《意见》），这个《意见》明确提出要拓展职称评价人员的范围，在内地就业的港澳台的专业技术人才可按规定参加职称评审。

这次出台的"26条措施"又进一步明确，在大陆的高校、科研机构、公立医院、高科技企业这些单位从事专业技术工作的台湾同胞，符合条件的都可同等参加大陆相应系列、级别的职称评审，他们在台湾地区参与的项目、取得的成果等，同等视为本人的专业工作业绩，他们在台湾工作的年限也都同等视为职称评审要求的专业工作年限。大家注意到这里有个关键词就是"同等"，这项政策赋予台湾同胞在大陆参加职称评审，和大陆专业技术人才一样同等的待遇，而且更符合在大陆工作的台湾同胞的特点，也更具有针对性和操作性。

目前这项政策已经落地。比如，福建省已经开展了台湾同胞在闽参加职称评审的试点，目前已经有173名台湾同胞通过评审取得了相应的职称。下一步，我们将持续落实好台湾同胞在大陆的职称评审政策，为他们提供更好的职业发展机会。

中新社记者：我们注意到"26条措施"中的第19条提到，台湾文创机构、单位或个人可参与大陆文创园区的建设营运、可参加大陆各类文创赛事、文艺展演展示活动，请介绍一下相关具体情况和参与方式。

满宏卫：党的十八大以来，大陆将发展文化产业纳入国家整体发展战略，文化产业也迎来了加快发展的黄金期，成为推动经济增长的新动能。我们愿意与台湾同胞分享大陆文化产业发展的机遇，欢迎台湾同胞参与大陆文创园区的建设和运营。目前，我们各地都在积极探索，大力推进，为台湾同胞参与创造条件。比如，福建省就在积极探索文创园区的开发模式、收入分配和激励机制等，吸引台湾文创设计人士参与福建省文创园区建设和运营，参与福建省博物馆、福建省图书馆、闽台缘博物馆等文化文物单位文创产品开发，探索对接台湾知名艺术家来闽打造音乐、舞蹈、绘画等产业园区。随着"26条措施"的细化和落实，各地还会出台更多的配套措施，为台湾同胞来大陆参与文化产业的发展提供更多便利。

秉持开放、共享的理念，我们同样愿意为台湾优质展览、演出项目提供展示平台。据我所知，台湾的文化艺术机构、单位和个人已经通过适当的方式参与到了大陆的文艺展演和展览活动中。比如，由厦门歌仔戏研习中心与台湾戏曲音乐协会合作创排的歌仔戏《侨批》，于今年10月亮相第16届中国戏剧节；由文化和旅游部、中国文联、中国美术家协会共同主办的第 13 届全国美术作品展，台湾一共有 77 件作品参展，其中有 5 件作品获奖，而且进京联展。不仅如此，在各类省级的文创赛事、文艺展演展示活动中，有越来越多台湾同胞的文艺作品能够呈现。

大陆文创赛事、文艺展演展示活动的大门对优质项目一直是敞开的。下一步，我们还会对台湾同胞开放青少年民族器乐教育教学成果展示等更多的国家级展示平台，感兴趣的台湾同胞可以通过互联网等途径关注有关信息，按照活动公布的具体方式积极参与。

中央广播电视总台央视《中国新闻》记者：我们注意到这次"26 条措施"当中第 25、26 条两条涉及两岸的体育交流，请说明一下这些惠及台湾体育界的措施有哪些相关的考虑和主要特点？

吴坚：体育是科学求实的事业，体育人有崇尚实干的作风，两岸体育界有务实合作的传统。此次惠台体育措施也凸显了务实的特点，体现了"重实际""出实招""求实效"和"谋实惠"。

一是重实际。当前，我们正在加快建设体育强国，群众体育、竞技体育和体育产业全面协调发展，尤其是体育产业逐步进入黄金发展期，同时 2022 年北京冬奥会、杭州亚运会等一系列重大国际赛事将在大陆举办，这为两岸体育融合发展和共同进步提供了难得机遇。我们充分考虑两岸体育发展实际和交流合作现状，特别是考虑到台湾体育界实际需求，在广泛调研的基础上，研究出台了惠台体育措施，力求做到"民有所呼、我有所应"。

二是出实招。着眼于台湾体育界备战 2022 年北京冬奥会和杭州亚运会以及台湾运动员更好实现个人发展，我们推出了一系列有针对性的举措，切实为台湾运动员、教练员和专业人士来大陆训练、参赛、工作、交流等提供便利和协助。

三是求实效。这些举措力求为台湾体育界提升整体水平和个人发展空间，从而在北京冬奥会和杭州亚运会上取得好成绩创造良好条件，同时也必将推动两岸体育交流与合作不断走深、走实。

四是谋实惠。惠台体育措施的出台，特别是台湾运动员可以内援身份参加大陆职业联赛、申请运动技术等级证书、报考大陆体育院校、在备战大型赛事方面享受主场之利等，将为台湾运动员和台湾同胞来大陆发展带来实实在在的好处，受到台湾体育界的普遍关注和好评。

福建海峡卫视记者： "26 条措施"中第 18 条规定，

持台湾居民居住证的台湾同胞在购房资格方面与大陆居民享受同等待遇，请予以说明。另外，上海近日推出了300套公租房形式的台湾青年公共住宅，请问今后是否会将此形式推广至大陆各地？

朱凤莲：近年来，住房和城乡建设部等部门不断出台相关政策，解决广大台胞关于住房的需求。持台湾居民居住证的台胞，在大陆工作、学习，可以按照相关政策规定，根据自己自身的实际需要购买商品房，用于自住、自用。同时，大陆部分城市购买住房实施限购，台胞在这些城市购房和大陆居民一样，应符合当地政策规定。

除了购房，实际上台胞在大陆还可以承租公共租赁住房，也就是我们说的公租房。公租房是一种政策保障性住房，主要是为了解决长期在当地居住、工作、生活民众的住房困难问题。上海市这次专门为在沪台湾青年提供300套公租房，是一件好事、实事。据了解，在申请条件上，两岸居民是相同的，就是说非上海户籍的申请者都需要持有居住证并且缴纳社保。

实际上大家可以关注一下，102个地方出台的"31条措施"的具体实施意见当中，有不少是直接涉及当地就业台胞可以申请公租房措施的，比如北京、广州、厦门等地。据了解，目前北京和厦门已经分别有38名和16名符合条件的台胞申请到当地公租房，广州市拿出了1000套人才公寓供符合条件的台胞申请。为台湾同胞办好事，当然是越多越好，我们都会积极支持和鼓励。

海峡之声广播电台记者：我们注意到"26条措施"中第25条提到"欢迎台湾运动员、教练员、专业人士来大陆考察、训练、参赛、工作和交流"，请结合实例说明一下有哪些具体举措和成果？

吴坚：未来几年，大陆将举办2022年北京冬奥会、2022年杭州亚运会、2020年三亚亚沙会、2021年汕头亚青会、2025年成都世界运动会等系列国际大型综合性赛事。我们将优先考虑台湾运动员的需求，为他们训练、参赛提供便利条件和积极协助，使其享受主场待遇。

北京冬奥会应该成为两岸同胞共襄盛举、共享荣光的平台。由于台湾地处亚热带，缺乏冬季运动项目训练的条件，国家体育总局局长、中国奥委会主席苟仲文先生多次表示，大陆将利用筹办冬奥会的契机，率先将场馆设施和训练资源向台湾运动员开放，在移地训练、服务保障、交流比赛等方面提供支持和便利，帮助台湾运动员提升冬季运动水平，力争在北京冬奥会上取得好成绩。

再举一个例子，棒球被称为岛内第一运动，深受台湾青少年和民众喜爱，我因为长期从事两岸体育交流，深知棒球对于台湾民众和体育界的意义。今年初，台奥委会和体育界多次向我们提出，希望将棒球列入杭州亚运会的正式比赛项目。客观地说，棒球要列为杭州亚运会的比赛项目面临着很多的障碍，一是从国际惯例来讲不应设，同时也为主办地带来不少难题。但是考虑到台湾同胞和体育界的诉求，中国奥委会多次与杭州亚组委和亚奥理事会沟通协商，积极推动，最终克服了项目设置、场馆建设等困难，于今年9月促成棒球正式列为杭州亚运会比赛项目。这是两岸体育界历经多年交流合作的成果，也体现了大陆体育界积极回应台湾体育界诉求、愿意与台湾同胞分享大陆体育发展红利的诚意，在岛内获得积极反响。

福建厦门卫视记者：我们看到"26条措施"当中的第15条提出，台湾同胞可以申请成为农民专业合作社成员，也可以申请符合条件的农业基本建设项目和财政项目。请具体说明一下情况。

朱凤莲：农民的发展是我们特别关注的一个领域。农民专业合作社是广大农民群众在家庭承包经营的基础上，自愿联合、民主管理的一种互助性经济组织，是实现小农户和现代农业发展有机衔接的有效组织形式。经过多年发展，农民专业合作社的产品类型日趋多样，合作内容不断丰富，在引领产业发展、维护农民权益等方面发挥了重要作用。

台湾同胞可以申请成为农民专业合作社成员，分享大陆发展机遇、享受同等待遇，为他们在大陆获得更好发展提供有利条件。这方面，福建省先行一步，2014年把台湾农民创立的漳平永福闽台缘高山茶产销专业合作社，培育成为大陆首家以台湾农民为主体的省级农民专业合作社，并且在今年给予了30万元的专项资金补助。

在福建等地先行先试的基础上，此次将台湾同胞申请成为农民专业合作社成员政策措施向大陆各地进一步推广。台湾同胞在申请成为农民专业合作社成员后，在出资方式、经营业务、经验分享等方面都将有更多的选择和便利，促进两岸农民组织管理经验借鉴和资源共享方面，相互促进，共同发展。

中国台湾网记者："26条措施"当中的第20条提出，在大陆工作的台湾同胞可申报中国文化艺术政府奖和动漫奖，请文化旅游部介绍一下动漫奖及其申报的程序。

满宏卫：谢谢你的提问。中国文化艺术政府奖动漫奖是为了繁荣动漫作品创作、培养动漫人才、扩大动漫国际影响力、推动动漫产业发展而设立的国家政府奖。该奖项每三年评一次，从 2011 年设立以来，已经连续评选三届，在动漫界树立了引导创作方向、引领产业发展的风向标。随着两岸经济、文化交流不断深入，在大陆从事动漫行业的台湾同胞越来越多。为进一步推动两岸动漫行业交流合作，激励台湾同胞创新创造，扩大优秀作品的影响力，更好融入大陆动漫行业发展，我们将在大陆工作的台湾同胞纳入申报动漫奖范畴。

第四届中国文化艺术政府奖动漫奖将于 2020 年启动作品征集，届时文化和旅游部将印发《中国文化艺术政府奖动漫奖评奖办法》的通知，明确评奖标准、评奖程序，同时我们也将指导各省（区、市）文化和旅游厅（局）做好台湾同胞申报材料的接收、审核和推荐工作。

在大陆工作的台湾同胞可以作为创作者，也可以作为创作团队的成员参与评奖。请关心这件事情的台湾同胞关注相关资讯，按评奖要求，向其在大陆任职的公司、企业或其居住地所在省（区、市）文化和旅游行政部门进行申报。

香港中评社记者：请问教育部在落实台湾师生同等待遇方面有哪些举措？落实的情况如何？

王志伟：近年来，教育部会同财政部不断完善对台湾学生的资助政策。2017 年，教育部修订了台湾学生奖学金管理办法。中央财政面向在大陆普通高校和科研院所就读的台湾地区全日制本专科学生、硕士研究生和博士生发放奖学金，扩大了奖学金范围，提高了奖励标准。同年，教育部还出台政策，为在大陆高校毕业符合条件并有就业意愿的台湾学生签发就业报到证，发放就业协议书，给台湾青年来大陆学习、就业、创业提供更多支持和帮助。近 3 年以来，大约有超过 7000 名的台湾学生获得奖学金，有越来越多的台湾青年希望来大陆追梦、筑梦、圆梦。

教育部今后将进一步完善政策安排，优化政策保障，推进台湾学生在生均经费、研究生助学金、学业奖学金、贫困生补助等方面享受与大陆学生相同标准，做好在大陆高校学习、工作的台湾师生申请国家留学基金，在大陆高校工作的台湾老师享有相应的职称和待遇政策的细化落实工作。

人民日报海外网记者：在"26 条措施"中第 21 条专门就台湾同胞在大陆参加职业评审做了具体规定，请问除了职业评审，在职业资格方面还有哪些便利化措施可以享受？

李金生：职称和职业资格都是专业技术人才评价的重要方式，我们除了在职称方面对在大陆工作的台湾同胞给予一定的便利政策以外，在职业资格方面也采取了一些便利化措施。主要是两个方面：一是对台开放大陆职业资格考试。2018 年 2 月，根据"31 条措施"，大陆对台开放 53 项专业技术人员职业资格考试，符合条件的台湾同胞都可以通过考试取得大陆职业资格证书。二是积极支持福建省直接采认台湾地区专业技术人员职业资格。为了方便台湾同胞来大陆工作和创业，特别是在福建工作和创业，经商有关部门同意，今年我们在福建省先行试点，直接采认台湾地区部分专业技术人员职业资格。福建省按照结构框架相似、报考条件相当、职业管理要求相近、产业发展急需的原则，研究提出了《两岸专业技术职业资格采认试点目录》，总共包括 34 项台湾地区的职业资格，其中 14 项是专业技术人员的职业资格、20 项是技能人员的职业资格。

下一步，我们将积极支持福建省做好试点工作，为台湾同胞在大陆工作提供更为便利的人才评价服务。

《人民政协报》记者：还有不到一个月就是中华民族传统佳节春节，返乡台胞很关注两岸加班机情况。请问发言人，2020 年两岸春节加班机已安排进展到什么程度，还需要做出哪些安排？

朱凤莲：昨天两岸民航主管部门已经就 2020 年春节加班机事宜和具体安排进行了确认并且对外公布。双方计划于 2019 年 12 月 31 日之前批复全部加班计划，便利旅客订座安排行程。

此前，应全国台企联、地方台协和广大同胞所请，大陆航空主管部门多次向台航空主管方面建议，应该充分满足广大台胞 1 月上旬返乡的合理诉求。经过多次沟通，我们取得双方航空公司在 1 月 9 日至 10 日安排增加班机的结果，以便广大台胞顺利返乡。接下来，我们将继续协调大陆民航主管部门积极予以保障。

中央广播电视总台央视记者：能否进一步介绍一下大陆在为台湾同胞提供领事保护与协助，以及申请办理旅行证件方面做了哪些工作？

杨舒：我们始终高度重视维护海外台湾同胞的安全以及正当的权益，积极开展领事保护与协助工作，在职责范围之内向海外台湾同胞提供积极帮助。在这里我想和大家分享两个事例。

2012 年 3 月，台湾渔船"NAHAM3"号在非洲索马里海域被索马里海盗劫持，当时船上总共有 29 名船员，其中包括 10 名大陆同胞、2 名台湾同胞，另外还有 17 名来自越南、印尼、菲律宾、柬埔寨的船员。在被劫持期间，有1名台湾同胞、1名大陆同胞，还有1名外国船员不幸身亡。经过多方不懈努力，2016年10月份，也就是四年半之后，幸存的26名船员全部获得解救，并在联合国有关机构的协助之下抵达肯尼亚。当时我作为中国政府工作组组长，带工作组专程到肯尼亚接获救同胞。在当地我们给获救同胞做好医疗检查以及心理安抚之后，陪同胞返回了祖国，回到了亲人身边。

第二个事例，2017年1月份，在墨西哥1名旅居当地的台湾同胞遇到枪击事件不幸身亡，家属非常悲痛，向我们驻墨西哥大使馆寻求帮助。使馆非常重视，第一时间向家属表达了慰问，同时约见了当地主管检察官，就案件提出交涉，要求墨西哥方面加大力度，尽快破案。两周之后，犯罪嫌疑人被抓获。这个案件今年2月进入法庭审理阶段，大使馆又约见当地总检察长，就此案再次表达关注，同时还派人到法庭旁听。在近3年时间里，大使馆一直和家属保持密切联系，经常去慰问、探望，同时倾听家属有关诉求，应询介绍当地法律法规，提供建议。这样的事例我们每年都会处理很多，都会尽心尽力地为海外台湾同胞提供帮助。

刚才记者提到台胞在海外向驻外使领馆申请旅行证

件，台湾同胞来大陆通常情况下应该是持用台湾同胞来往大陆通行证，也就是我们常说的台胞证，但是在海外没有加入外国国籍的台湾同胞来大陆，这时如果没有台胞证，可以向中国驻外使领馆申请旅行证，方便他们返回大陆。

朱凤莲：我还有一个实例想和大家分享，就是这个月的事。12月3日，海协会张志军会长参加全国人大外事委活动出访法国巴黎期间，偶遇一个台湾旅行团。交谈当中，团员葛先生提到，他计划第二天上午离开巴黎，经福州转机回台湾。但是他的台胞证等证件被盗，非常苦恼，担心会影响后续行程，希望得到帮助。张会长当即向他介绍了"26条措施"中第14条的内容，帮助他与我驻法国使馆取得联系。使馆领事部工作人员急事急办，核实有关信息后尽速为葛先生办理了旅行证件，帮助他顺利回到台湾。葛先生非常感激，觉得这个政策措施真的是特别实在。

事实上，大家可以看到，从办理旅行证件、文书资信认证，到协助处理外国的涉台民事纠纷及经济、刑事案件，到地震、洪水、撤侨等重大紧急事件，大陆有关部门和驻外使领馆始终站在台胞身后，为他们排忧解难。

我们希望在海外旅行居住的台胞朋友们能够记住一

句话：两岸同胞一家亲，无论天涯与海角，有事就拨 12308。

（闽南语）国外有问题，12308 要紧记。

（客家话）出国有事情，尽快打 12308。

深圳卫视记者：民进党当局上台以来，为一党之私全面限缩两岸交流，在岛内大搞"绿色恐怖"，将"26 条措施"、两岸正常交流等一些活动诬称为大陆"介入台湾地区选举"，频频公开诋毁攻击大陆，请问对此有何评论？

朱凤莲：我们已经多次声明过，我们历来不介入台湾地区选举，更坚决反对任何栽赃抹黑大陆的言行。

我们关注的是两岸关系发展的前景和广大台湾同胞的利益福祉。我们坚持以人民为中心的发展思想，从台湾同胞尤其是基层民众现实需求出发，近些年陆续推出了"31 条措施"、台湾居民居住证、"26 条措施"、《香港澳门台湾居民在内地（大陆）参加社会保险暂行办法》等惠台利民的政策措施，实现福建向金门供水、举办台商参与粤港澳大湾区、长三角区域一体化、"一带一路"建设等座谈会，从更大范围、更广领域为台胞台企分享大陆发展机遇创造有利条件，提供更多同等待遇，受到广大台胞台企普遍欢迎和肯定。

反观民进党当局，在过去 3 年多，为了一党一己之私，不断翻新花样，试图分化台湾社会、制造两岸敌意。他们把黑手伸向两岸交流，把矛头对准岛内民众，处处拆桥、断路、挖坑、筑墙，千方百计阻挡台胞台企来大陆交流发展，破坏台胞台企的好事。台胞要申请居住证，来大陆实习、就业，他们威胁说"违法"，要管制处罚；台胞台企分享"31 条措施"和"26 条措施"给予的同等待遇，他们就混淆视听，诬称为"接受统战""被渗透"。他们搞政治小动作，破坏"金马奖"这一两岸影视交流的平台。他们恶化两岸旅游合作氛围，到处抓所谓"共谍"，搞得大陆游客人心惶惶，视赴台为"危途"。

在民进党当局制造的"绿色恐怖"下，台湾工商业者感到恐慌，所谓"中共代理人修法""反渗透法"，让他们不敢放心打拼，无法安心回家；退休官员和退役将领感到恐慌，来大陆交流的限制约束越来越多，动辄遭到重罚；老师和学生们感到恐慌，参加两岸正常的学校交流活动，要受到所谓"平台"的严密监控；旅游业者感到恐慌，不仅饭碗被砸，而且还可能经常遭到检调部门的约谈；媒体界感到恐慌，谁敢批评、监督民进党当局，就可能被扣上"卖台"的帽子。可以说，这一年多来，台湾社会是一片肃杀，"绿色恐怖"笼罩全岛，一波未平一波又起。只要所持立场和民进党不同，就可能遭到铺天盖地的打压。

事实很清楚，升高两岸对抗、破坏两岸关系，正是民进党当局操弄选举的一贯套路。他们心中完全没有民生福祉，为了选举私利，不惜损害台湾同胞的切身利益，剥夺台湾同胞选择的机会，钳制台湾同胞发展的空间。这充分暴露出民进党当局心术不正和肮脏本性。这些年，台海形势复杂严峻，台湾同胞过得不好，对未来充满苦闷和忧虑，根本原因就在这里。

台湾《中国时报》记者：8月1日暂停大陆居民赴台"自由行"后，对台湾观光业者200万家庭的生计造成重大冲击。请问陆客赴台个人游什么时候可以解禁？

朱凤莲：大陆居民赴台个人游为什么会被暂停，原因大家都很清楚。两岸同胞都希望两岸关系发展能够尽快重回正确轨道，大陆居民赴台游尽快恢复正常健康的发展局面。

《北京日报》记者：2019年海峡两岸年度汉字评选结果日前揭晓，"困"字当选，请问发言人对此有何评论？

朱凤莲：由厦门海沧台商投资区联合两岸媒体发起

组织的海峡两岸年度汉字评选活动，从 2008 年到现在已经 12 年了，每年当选的两岸年度汉字都反映了两岸关系的发展变化和两岸社情民意的走向。从今年来看，两岸关系日趋复杂严峻，民进党当局为了一党一己之私，推进形形色色的"台独"活动，变本加厉地阻挠两岸人员往来和各领域交流，不断升高两岸敌意，制造两岸对抗，严重破坏两岸关系和台海和平稳定，严重损害台湾同胞的利益福祉。所以，"困"字恰当地反映了两岸同胞对两岸关系的深切忧虑、对民进党当局倒行逆施的强烈愤慨。

我们希望两岸同胞能够共同努力，早日排除障碍，推动两岸关系重回正确道路，共创光明前景。

中央广播电视总台央广记者：蔡英文在 12 月 18 日的首场政见发表会上就两岸关系提出了"四个认知"，请问发言人对此有何评论？

朱凤莲：她提出的所谓"四个认知"完全是颠倒黑白、混淆是非。建议大家要反过来解读：单方面否认"九二共识"，破坏两岸关系的，是民进党当局；钳制两岸经贸合作，损害台胞台企切身利益和台湾经济发展空间的，是民进党当局；挟洋自重，用台湾民众的血汗钱乞求反华势力所谓"保护"的，是民进党当局；煽动两岸对抗、升高两岸敌意、制造"绿色恐怖"、企图全面控制台湾社会的，还是民进党当局。

近期，民进党当局和"台独"势力不断借两岸同胞交往中的一些事情制造事端，以"碰瓷"方式刺激岛内情绪，煽动两岸敌意，捞取选举私利，两岸同胞要高度警惕，不要上当。

中央广播电视总台央视《海峡两岸》记者："26 条措施"中的第 25 条和第 26 条提出，欢迎台湾运动员来大陆参加大陆职业联赛，台湾运动员可以以内援身份参加大陆职业联赛。请具体介绍一下相关情况。

吴坚：欢迎台湾运动员来参加大陆的职业联赛，并为其提供同等待遇，是这次体育惠台措施的一个亮点，也确实受到了岛内体育界的关注。在这方面，我们主要从质和量上下功夫，通过两步走来实现。第一步，从质上进行转变，允许台湾运动员以内援而不是外援身份来参加大陆职业联赛。因为要统筹考虑联赛水平和培养本土球员的需要，大陆的篮球、足球等职业联赛对外援在水平上有一定要求，在数量上也有一定限制，如果将台湾运动员按照外援来对待，其竞争力很难与欧美高水平运动员相提并论，也大大降低了台湾运动员被大陆俱乐部选中的机会。所以，允许台湾运动员以内援身份参加大陆职业联赛，将为更多的台湾运动员来大陆发展、提高水平提供机会。

下一步，我们将在此基础上推动有关协会和职业联赛进一步研拟优惠举措，扩大联赛的开放力度，在量上为台湾运动员参加大陆职业联赛提供更多机会和更大空间。

新华社记者：刚才发言人谈到了民进党当局一些"绿色恐怖"动作，民进党当局目前正在强推"反渗透法"，打算本月底在立法机构通过。请问发言人对此有何评论？

朱凤莲：民进党当局为了一党政治私利，大开民主倒车，完全置台湾民众福祉利益于不顾，强行以所谓"修法"手段来进行政治操弄，影响极其恶劣，危害极其严重。

我们注意到，这段时间台湾各界人士已经纷纷表达强烈谴责和坚决反对。该"法"一旦通过，凡是与民进党立场不同的政党、团体、人士，敢于批评民进党的媒体，来大陆就学就业的台胞，参加两岸交流合作的人士，都有可能被"莫须有"地扣帽子、打闷棍，遭到随意调查、罚款，甚至是判刑坐牢。

民进党当局强推恶"法"，倒行逆施，制造"绿色恐怖"，禁限两岸交流交往，升高两岸敌意对抗，损害台湾同胞利益，终将自食恶果。

香港大公网记者：请问如果台湾同胞以内援身份到大陆参加职业联赛，遇到像亚冠这种洲际比赛怎么办？第二个问题，请介绍一下是否已经有台湾冬季运动项目的运动员、运动团体申请或已在大陆备战 2022 年北京冬奥会？

吴坚：台湾运动员如果被大陆职业俱乐部选中代表俱乐部参赛，在参加亚冠等国际比赛时，听从俱乐部的安排。

关于他们来大陆的训练、比赛，包括生活各方面，已经来大陆发展的运动员都已经得到很好的安排。

关于冬季运动项目方面，刚才我提到，因为台湾缺乏这方面的训练条件，实际上两岸在冬季项目上已经开展了很好的交流和合作，台湾的体育团队、运动员经常来大陆进行训练和参赛。

下一步，北京冬奥会是两岸共襄盛举的重大契机，我们希望在这方面为台湾运动员参赛创造更多便利。如果一些训练设施和场馆率先开放，让台湾运动员提前来适应，会为他们创造条件，享受主场待遇。这是一个重大利好。

中新社记者：美方日前将 2020 财年国防授权法案签

署成法。该法案支持对台军售，扩大与台高级别军官和军事交流等，并要求美国情报部门在台湾地区选后提交大陆"干预或破坏"台湾地区选举行动相关报告。民进党当局对此表示感谢。请问发言人对此有何评论？

朱凤莲：全国人大外事委员会、外交部已就此表明了严正立场。台湾问题是中国的内政，不容任何外来干涉。你提到的这个法案涉台内容严重违反了一个中国原则和中美三个联合公报规定，严重损害中美关系和台海和平稳定，公开介入台湾地区选举，我们坚决反对。

民进党当局罔顾台海和平和台湾同胞福祉，为选举私利，极尽诬蔑攻击大陆之能事，向美国反华势力谄媚贴靠，令人不齿。

台湾《联合报》记者：请问发言人，最近台湾网红波特王与蔡英文合作拍片，引发风波。请问怎么看？这样的争议是否会影响两岸民间交流？

朱凤莲：我们专门做了了解，这纯属企业自身的商业行为。希望大家不要把两岸政治分歧带入两岸民间交流，这样两岸民间交流才能够顺畅进行。

台湾 ETtoday 东森新闻云记者："26 条措施"中第 14 条，台湾民众可以在大陆驻外使领馆申请旅行证件。台陆委会曾经提过，即便是申请大陆一次性护照，都可能会被注销台湾户籍，请问有何回应？

朱凤莲：民进党当局一向都会说这些无视百姓利益的言论，毫不奇怪。

台湾《中国时报》记者：美国众议院个别议员日前提出一个提案，希望"美在台协会办事处处长"需经过参议院任命，等同于无任所"大使"，请问发言人有何看法？

朱凤莲：世界上只有一个中国，台湾是中国的一部分。美国只能和台湾地区保持民间、非官方的关系，美方对此是十分清楚的。我们敦促美方恪守一个中国原则和中美三个联合公报规定。至于民进党当局，他们惯于献媚贴靠，不值一评。

今天的发布会到此结束，谢谢大家。